だから僕は、しゃべらない

一番「伝わる」会話のコツ

構成作家
永田篤
Atsushi Nagata

KADOKAWA

トーク上手はあきらめよう

「もっと上手に話せるようになりたい」という悩みを持つ人も多いでしょう。しかし、ある程度は努力で改善できると思いますが、**生まれ持ってのトーク下手がトーク上手になるには限界がある**と僕は思っています。

おしゃべり上手と呼ばれる人は、だいたい生まれ持ってのトークの才能があります。次に展開するトーク内容をまとめる頭の回転の速さ、言いたいことを言葉にできる語彙《ごい》力、それをスムーズに口に出せる活舌の良さ、すべてそろって、おしゃべり上手は成り立ちます。しかし、そのことに気づかず、周りのトーク上手と自分を比べて、落ち込み、悩み、考えることに時間を使ってしまう……。これって、〝あるある〟ですよね。しかし、トーク上手を目指すことは、いっそやめることをおススメします。

僕はこれまでラジオの構成作家を務めてきました。ラジオにおける構成作家の仕事は、基本的に「**しゃべらない仕事**」です。事前にリスナーさんから届いたメールを選び、進行の目安となる構成台本を書き、生放送中・収録中はパーソナリティの前で、しゃべらず、動じず、パーソナリティのトークを盛り上げることだけを心がけて、リアクションに徹します。気分が乗ってないなと思うときには派手な笑い声でテンションを上げてもらったり、話の展開に困っていたら、カンニングペーパー、いわゆるカンペを書いて質問をしたりなどして、パーソナリティやゲストのおしゃべりをリスナーさんにより楽しんでもらえるようにするのが僕の役割です。

もともと、僕はおしゃべりさんでした。いや、今もどちらかというとおしゃべりさんですが。

小学生・高校生のときには放送部でアナウンスをして、高校時代は立候補して生徒会に入るなど、基本的に目立ちたがり屋、前に出ることが好きでした。大学時代は大学公認の放送局でアナウンサーをやっていまして、ＫＢＳ京都の大学野球中継で学生レポーターを務めたこともあります。

構成作家を目指してハガキを書いていた時代は、ちょっと読まれて有名になったのがうれしくて、当時まだ創成期だったネットの世界で個人ホームページもつくっていました。自分でつけたサイトのタイトルは「終わりなき旅」。若いですね。こういうのを世の中では黒歴史と呼ぶのでしょうか。当時のブログの魚拓を取った人がいないことを切に願います。

それが今では完全なる裏方仕事。ラジオは基本的に音声のみのメディアなのでSNSなどをやらなければスタッフの名前が世に出ることもないですし、そもそも構成作家という職業の存在を知らない人もいるんじゃないかと思います。

見習い構成作家として仕事を始めたとき、それはもう、怒られました。パーソナリティさんとの打ち合わせで「何か話さないと！」と思い、焦って自分の話をしてしまう。スタッフさんとの会話で余計な一言を言ってしまうなど、いちいち行動を間違え続けて、最終的に番組のえらい方に怒られる。自分ではがんばっているつもりなのに、毎日毎日、地獄のような日々でした。今思えばどれも自分が悪いのですが。

人は悲劇を一番記憶に残してしまうそうですが、20年以上前の出来事なのに、今も怒られた記憶は鮮明に覚えています。きっと走馬灯にも出てくるのでしょう。走馬灯を構成してくれる僕の脳内の作家さんには、ぜひ楽しかったシーンだけでお願いしますと伝えたいです。

生放送をまかされるようになってからも、カンペを目の前のパーソナリティさんに出しすぎて、ＣＭ中にその方と言い合いになったこともありました。何かやらなきゃ、仕事しなきゃ、若手時代に陥りがちな行動でした。今、冷静になって振り返れば、これも前に出すぎた自分が悪いです。反省しています。

そんな思い出話はさておき、みなさんに伝えたいのは、**前に出ること、積極的にしゃべることだけがコミュニケーションに有効な手段ではない**ということです。

見習い作家当時、僕を地獄の閻魔《えんま》大王のように怒り続けたえらい方から、「お前は才能がない」と言われました。この言葉だけなら単なるブラック上司になってしまうと思いますが、その後続けて言われたのは、「俺にも才能はない。だから努力しなきゃいけないんだ」。いい言葉ですよね。そこから、努力の方向を自分なりに考えて現場で実践し、どうにか今までラジオの構成作家を続けてきました。

ＪＦＮ系『国分太一 Ｒａｄｉｏ Ｂｏｘ』は担当するようになって22年、文化放送の小山慶一郎『ＫちゃんＮＥＷＳ』は18年、『Ｋｉｓ－Ｍｙ－Ｆｔ２キスマイＲａｄｉｏ』

はもうすぐ12年になります。この春に終了したオテンキのりの『レコメン！』は11年担当させていただきました。おかげさまでどの番組も長寿番組となりました。

今でも部屋を借りるときは頻繁に審査に落ちたりしますが、構成作家生活ももうすぐ23年、そろそろ一人前になれたかなと思っています。もう47歳ですけど。

コミュニケーションについてのアドバイスの定番は「○○してみてはどうですか？」ではないかと思います。しかし、**あえてしゃべらないこと、あえて何もしないこと**がコミュニケーションにプラスに働く、そんなケースもあると思うんですね。

この際、**トーク上手を目指すことはあえてやめましょう**。不得意な分野で人と比べて思い悩む必要はありません。違ったアプローチでコミュニケーション上手になればいいんです。

そもそも、みなさんはどうしてトーク上手になりたいのでしょうか？　場を盛り上げたいから、相手と心を通じ合わせたいから、好感を持ってもらいたいから……実は、どれもトーク上手にならなくても実現できると思いますよ。

現場では目立たないけど、あの人がいるとなんだかうまくいく、そして長寿番組になる、それが僕の目指してきた構成作家です。この本では、そんな「話さない」方向に試行錯誤を繰り返しながら、ラジオの構成作家を23年間務めてきた経験から僕が学んだことを、これまでの作家人生のエピソードを交えて紹介しています。

タレントさんを相手にする特殊な世界ではありますが、何かしらみなさんの日々のコミュニケーションや人づきあいの参考になるものがあるのではないかと思います。ラジオが好きだという方も、これまでラジオの世界に触れてこなかった方も、楽しみながら読んでいただき、みなさんの人生のヒントになれば、幸いでございます。

目次

第2章

「場」をつくり、盛り上げる

第3章

「相手」にしゃべらせる話題づくり

第4章

「気遣い」で心をつかむ

第5章 話術より「段取り術」で信頼を得る

第6章

気持ちが楽になる「考え方」

エンディング

第1章

「しゃべらない」という心構え

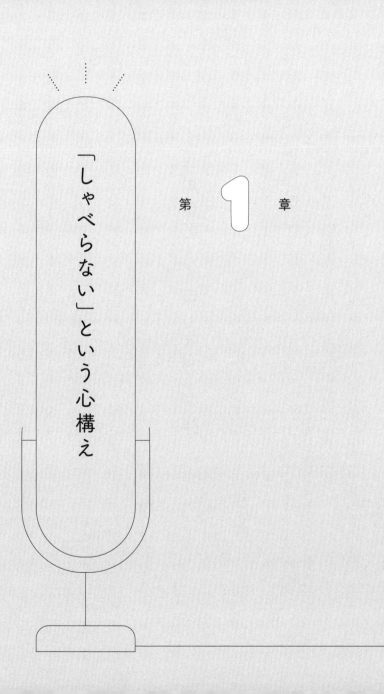

「笑い」が持つ4つの効果を知ろう

①目の前の人を楽しませる効果

パーソナリティが話しているときに近くで聞こえる笑い声、それはだいたい構成作家の笑い声です。

目の前の人が笑うことで、パーソナリティのトークは乗ってきます。どんどん面白いことをしゃべりたくなります。ラジオ楽しい！　次もがんばろう！　そう思っていただけたら、どんどん番組も面白くなっていきますよね。

このように、ラジオでの構成作家の「笑い」にはいくつかの効果があります。ここでは、そんな「笑い」の効果をご紹介しましょう。

1 目の前の人を楽しませる効果
2 聴いている人の気分を上げる効果
3 トークの笑いどころを提示する効果
4 「笑いの強弱」で場の空気をつくる効果

先ほどお話しした①以外にもたくさんの効果があって、意外と奥が深いですよね。
それでは、ひとつひとつ見ていきましょうか。

②聴いている人の気分を上げる効果

構成作家の笑い声には、ラジオを聴いているリスナーのみなさんの気分を上げるという意味もあると思っています。休み時間にクラスメイトが楽しそうな話をしているな～と思ったら、聞き耳を立てたくなりませんか？　人の話をこっそり盗み聞きしている感覚で聴いてもらっていいんです、ラジオって。

③トークの笑いどころを提示する効果

さらにもうひとつ、笑い声を出すことで、そのトークの面白いポイントをリスナーさんに向けて提示するという役割もあります。若いリスナーさんは、パーソナリティが話している内容を理解できないときがあると思います。しゃべっているのはだいたい年上でしょうから、それはしょうがありません。パーソナリティが小ボケで出したワードで構成作家が爆笑していたとき、意味が分からなくても、人に聞いたり検索したりしたこと、ありませんか？　1度目はイマイチ意味が分からなくても、2度目だと意味を理解して笑えるようになり、聴けば聴くほど面白いトークになってくる、これもラジオの楽しさです。

オテンキのりさんの『レコメン！』で、僕が一番笑ったのりさんのボケを紹介します。かねてから新垣結衣さんがタイプだと公言していたのりさんは、星野源さんとの結婚が発表された日の夜の生放送のオープニングトークで、「いや〜ショックですよ」と話し出し、自分が落ち込んでいることを強調した上で「もうご存じだとは思いますが、アリコンさんがね」と、少し前にいろいろと話題を集めていた有村昆さんの名前を出したんです。11年間ご一緒させていただきましたが、のりさんのベストボケはこれでした。リアルにショックを受けているはずなのに、それも笑いに変える、素晴らしい芸人根性です。アリコンさんも何度か『レコメン！』にゲストに来てくださいました。またいらしていただいてクイズを出題してもらいたかったです。

④「笑いの強弱」で場の空気をつくる効果

ラジオにおいて構成作家の笑い声は必要なものだと思っていますが、パーソナリティのおしゃべりの邪魔をしてはいけません。

基本的に、ブースの中でもナチュラルにしていようとは思いますが、話の途中で大きな笑い声を出したら、トークをさえぎってしまいます。センテンスが終わった後（文章で言うなら「。」を打った後）に大きく笑うのが理想的で、センテンスが続いているときは、面白くても我慢です。自分の中で笑いを使い分けるイメージは、笑いを我慢しなきゃいけないときか、リミッターを外してとにかく笑うときか、という使い分けでしょうか。

パーソナリティの人数によっても、少しだけ笑い方を変えています。1人しゃべりではできるだけ派手に笑い、2人以上でのしゃべりでは、場の空気を壊さないように、邪魔しないレベルで笑うことを心がけています。どちらも同じように面白いと思っているのですが、2人以上の場合はときによって我慢しているイメージでしょうか。

なんでもかんでも笑うと、ただの「節操のない人」

ちなみに、僕自身は面白いと思っていても、面白そうな雰囲気を一切隠さないといけないときもあります。リスナーさんが引いてしまう、放送に適さないレベルの下ネタなどです。そこは必死に我慢して、後で笑わなかった理由をパーソナリティに説明します。「勘弁してくださいよ〜」とか言いながら、裏で盛大に笑っています。

あと、本人が笑わせようと思って言っていない、見当違いのところで構成作家が笑うと、パーソナリティは不安になります。たとえば原稿をかんだところなど、失敗したときです。それによって面白くなることもあるのですが、笑っていい場合、ダメな場合を瞬時に聞き分けるのは意外と難しいです。若手時代、パーソナリティさんがかんだときに笑ってしまって、後でディレクターに軽く注意されたこともありました。パーソナリティの失敗をスタッフが毎回笑っていたらスムーズに番組が進行しません。そこは我慢すべきでした。

みなさんも、お仕事の場合、人の失敗を笑うのは避けたほうがいいかもしれません。しかし、それ以外は、上司や取引先との会話の中で笑いが多ければ多いほど、なんだか物事がうまくいきそうな気がします。笑う門には福来たるといいますし。プライベートで人とお話しするときでも、面白いなら盛大に笑ってあげましょう。どんなことにでも派手にリアクションすると、相手も話していて楽しくなるでしょうし、自分への印象も良くなると思います。表情豊かにリアクションしてくれる人はモテると思いますよ。僕はモテませんけど。

目を見て感情を読んでみよう

目線の動き方で感情を読み取ろう

大人になると、感情を分かりやすく表現しません。元気がないときに首をうなだれたり、怒っているときにほっぺたをプクーと膨らませたりはしないはずです。いや、芸能界ではする人も多いかもしれません、基本的にはカメラの前限定ですが。

それはさておき、本音を言わない人が多い大人の世界では、ほんの少しのヒントから相手の感情を読み取らないといけません。僕が一番感情を読み取れると思っているのは、目です。主に注目したいのは、**目線の動き方**でしょうか。人は興味のあるものから目をそらさないですし、興味のないものからはすぐに目を離します。気になるものはチラチラと見ますし、ちょっと上のほうを見ていたら何か考え事をしていますし、伏し目がちにしていたら、これからやることに自信がないのかもしれません。

目は口ほどにものをいう。昔の人はよくいったものです。

- 目をそらさない↓興味がある
- 目を離す↓興味がない
- チラチラと見る↓気になる
- ちょっと上のほうを見る↓考え事をしている
- 伏し目がち↓自信がない

人と目を合わせるための自己暗示

ですので、目の動きをチェックするためにも、人と目を合わそうとすることは重要です。人と目を合わせられないんです、という方は、目玉を見ずに、**まぶたあたりを見るイメージ**でやってみましょう。あくまで、目玉を見なくても、目の動きが分かればいいのです。私は目を見ていない、まぶたを見ているんだと、自己暗示をかけて挑みましょう。相手の感情がつかめるようになれば、逆にこちらが優位に立てたような感覚になってきますから、自然と目も合わせられるようになるのではないでしょうか。

感情が分かったら会話に生かす

僕の所感として、目上の方は感情を隠さずに出すことも多いと思います。そりゃそうです、基本的に目下の人に気を使わなくてもいいでしょうから。

一方で、言いたいことを隠している、我慢している年下の感情を読み取ってあげると、関係も円滑にいくのではないでしょうか。

その場合、「イラっとしているのかな?」と思っても、本人に「イラっとしてる?」とか質問するのはNGです!「楽しそうだね」などのポジティブなことならいいですが、目上の人から「イラっとしてる?」と聞かれても「してません」としか答えられませんから。むしろ「まさかイラっとしているのか？　お前？」みたいな感じで、目下の人間にはちょっとした圧力に感じてしまいます。ネガティブな雰囲気に気づいても、直接尋ねるのではなく、**場を和ます発言をする**などして対処しましょう。軽い冗談を言ってみたり、ワンクッション置くために、わざと休憩を入れたりとかでもいいと思います。あくまで自然な流れで雰囲気を修正するのがおススメです。

もちろん、感情は目以外にも表れます。僕がラジオの現場で学んだ代表的な感情の読み方ですが、早く収録を始めたいとき、パーソナリティはマイクの前で黙って、「いつでもいけますよ」感を出します。まれに「やりましょう！」と自分から口にするパーソナリティもいらっしゃいますが、それはだいたい大御所です。早く終わらせて早く帰りたいときでも、あまり口にする人はいません。なので、マイクの前にスタンバイしたら、「早く始めたいです」のサインだと思っています。ラジオの現場以外ではまったく参考になりませんね、失礼しました。

きっと、これから先も言いたいことを隠し、本音をストレートに言わないという日本人らしいコミュニケーションは続くと思われます。相手の感情を勝手に読み取って勝手に分析し、その後の会話に活用していきましょう。

リアクションで感情を表してみよう

どんなリアクションが効果的？

今では「リアクション芸」という言葉も確立されていますよね。

言葉による合いの手とは別に、言葉こそ発しないものの、ラジオの収録で構成作家はパーソナリティのトークを聞きながら、いろんな動きをしています。**動きで感情**を示すという感じでしょうか。

● 首を縦に振って「うんうん」

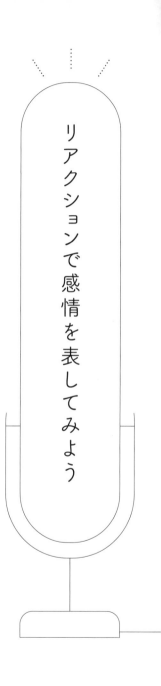

- 手を横に振って「違う違う」
- 目や口を大きく開けて「ビックリ！」
- 口をすぼめて「ほぉ〜」

などが、僕がよく使うリアクションです。だいたい自然にやっています。

これもすべて、**パーソナリティが話しやすくするため**です。言葉による合いの手と同じで、「動きで表す合いの手」という感じですね。

リアクションとは違うかもですが、次のような動きもラジオでは定番です。

- そろそろ放送時間いっぱいになるとき↓大きく頭の上で丸をつくって「もうOKです、締めてください」
- 話が長くなりそうなとき↓指をぐるぐる回して「巻いてください」
- ちょっと時間が余っている場合↓両手でゴムを伸ばすような仕草をして「延ばしてください」

いや、これらはリアクションというより、ジェスチャーですね。

話し手は話しやすくなり、聞き手は印象アップ

文化放送『KちゃんNEWS』は、もともと小山慶一郎くんがMCで、NEWSのメンバーをゲストに迎えるというスタイルでしたが、現在は小山くんのソロラジオが中心の放送となっています。ゲストを迎えるときの小山くんはメンバーの話へのリアクションが素晴らしく、話に合わせて質問をしてトークを展開し、ときにはエピソードに大爆笑し、ときにはツッコミを入れ、ゲストの気分を上げつつ、番組を盛り上げてくれています。

そんな小山くんのソロラジオでは、構成作家の僕が小山くんのトークに対してリアクションをしています。いつも自然体な小山くんですから、こちらも素のリアクションを心がけていますが、彼のハイテンションにつられて、僕も大きめなリアクションになっている気がします。『KちゃんNEWS』は、小山くんのソロ回、メンバーの増田くん、加藤くんをゲストに迎えての回、それぞれいろんな味がありますので、ど

の放送も楽しんでいただけたら幸いです。

いいリアクションをする人がいると、しゃべっている人はノッてきます。1対1でのトークなら言葉による合いの手中心でいいですが、複数人でしゃべっているとき、たとえば合コンなどで相手側の誰かがしゃべっているとき、言葉には出さなくても、大きくうなずいたり、笑顔になったり、驚いたりすれば、いい印象を与えられるのではないでしょうか。誰しも自分の話していることに興味を持ってもらえたり、楽しんでもらえていると感じたりしたら、悪い気はしないでしょうし。この話のたとえが合コンでいいのか不安ですけども。

しかし、学校の先生の話に対していいリアクションをするのはいいところも悪いところもありそうです。好印象を与えて内申点が良くなりそうですが、先生の話が長くなってしまいそうです。さらに、その姿を他の生徒に気づかれると、こびを売っていると感じる人がいるかもしれません。リアクションは場面によって、ほどほどに、ですかね？

自分を出しすぎない意識を持とう

「出しすぎない」の塩梅が大事

「自分を出さない」ではなく、「出しすぎない」です。

あまりにも現場でしゃべらず、あいつどんなやつなんだろ？　レベルにまで思われたら仕事にマイナスの影響が出てくると思うので、相手のリアクションを見つつ、頃合いを見て自分の話もはさむくらいの感じが理想でしょうか。

構成作家はラジオ番組のスタッフではありますが、放送中、パーソナリティに一番近い位置にいて、話す機会も多く、ときには話を振られることもあります（振られないほうがいいと常々思っていますが）。ですから、どんな人間なのか、ある程度分かっていたほうが、パーソナリティもしゃべりやすいのではないかと思うのです。

構成作家という立ち位置でなくても、学校や社会で生きる以上、みなさんにも、「自分はどこまで目立っていいのかな」と心配になる場面はあると思います。たとえば、上司と一緒に仕事の取引先の方とお話しする場合など。もちろんシチュエーションによるので、あくまで目安ですが、相手の話ばかりになったり、上司の話ばっかりになったりしないように、自分もタイミングを見て言葉をはさむことを意識してみてください。仕事相手の方の話が少ないなと思ったらこちらから質問をして、自分の影が薄いなと感じたら少し話してみるような感じです。

「オープニング」でも軽く書きましたが、僕は放送の外ではけっこうしゃべります。周りを立てつつではありますが、打ち合わせなど、裏ではパーソナリティに対して自分の話もすることがあります。ほとんどが話の流れでの雑談です。そんなときも、現場の空気を読んで、自分を出しすぎない振る舞いを心がけています。

打ち合わせでまったく放送に関係のない雑談をしたのは、僕と同じ高校に通っていたアイドルの男の子がゲストに来てくださったときくらいでしょうか。地方の公立高校の出身なのでとても珍しくて（これまでの構成作家人生で一度だけです）、僕とその子の2人だけは、めちゃくちゃ盛り上がりました。周りのみなさんには温かく見守っていただきました。放送に生かせない話なのに、その節は失礼しました。たぶん放送にまったく関係ない話をしたのは、それくらいです。

「出さない」が必要な場面

絶対に自分を抑えないといけない相手の場合は、「今は自分の時間じゃない！」と言い聞かせて、全力で我慢します。書きながら、そんな場合ある？　って思いましたが（笑）、明らかに自分よりも立場が上の人が相手の場合、我慢できますよ。僕はそんなとき、後から他のスタッフに「あのときこんなこと思った」などと話しています。自分流のガス抜きですね。

また、**単なる自慢は絶対に我慢**してください。みんなが笑えるエピソードトークになっているならOKですが、本気の自慢話や、自慢だと気づかずにしてしまう自慢話の場合、普通に不快感があります。近年流行の、「マウント」というやつです。ここはなんとか、グッと我慢しましょう。

目上の方が自慢話をしてきた場合は、「マジっすか！」「スゴイっすね！」「勉強になります」などと言って持ち上げておけばOKです。

何度も同じ話をする人なら、その場全体の雰囲気を探りつつ、言って良さそうなら「その話、〇度目です（笑）」とにこやかに指摘してあげて、周りから笑いを取りつつ、封印させてあげましょう。

たまには自分を出すことも必要？

人の話を聞くことが好きな人もいれば、しゃべることが好きな人もいます。お仕事では上司は選べませんが、お友達関係なら、お互いのニーズが合ってピッタリくる人がきっと誰にもいると思いますよ。そういう方が将来的なパートナーになれば、ベストですよね。まずはいろんな方と話してみることから始めることをおススメします。

「自分を出しすぎない」から、「ある程度自分を出す」という話になりますが、自分の趣味嗜好を周りに知ってもらうことで、思わぬ展開になることもあります。

先日、NHKで猫に関する特番を担当させていただいたのですが、これは、番組サイドが、猫を飼っている、猫に詳しい構成作家はいないかと探していた中で、知り合いのディレクターさんが紹介してくれて、参加することになりました。僕が猫を飼っていることを公言していなかったら、リモート会議の際に飼い猫である三毛猫のとみちゃんをお披露目していなかったら、実現しなかった話だと思います。猫ちゃんに感謝です。

ちなみに、NHKの『らじらー！サンデー』も、以前に番組でご一緒した先輩の作家さんからご紹介いただいて、参加することになりました。「『レコメン！』で乃木坂46さんとよくご一緒させていただいている」という話を雑談でしていたことから、つながったお話でした。

人生、何があるか分かりません。自慢にならない程度に自分の個性を伝えておくと、いい方向に転ぶこともありそうですね。

最後に、完全なる余談ですが、「出しすぎない」ではなく、意識して控えて、本人に話さなかったエピソードをひとつ。『レコメン！』でご一緒した乃木坂46の田村真佑ちゃん。実は真佑ちゃんが参加した4期生のお見立て会（グループ加入後に開催される顔見せイベント）に、勉強の意味を込めて、自分でチケットを取って観に行っていたんです。そのイベントの最後には、抽選に当たったお客さんがランダムでメンバー1人と握手をできたのですが、そこで僕が当たったのが、田村真佑ちゃんでした。彼女が『レコメン！』のレギュラーになる1年3カ月前のお話です。握手のとき、リサーチのつもりで、「ラジオは聴いたりしますか？」と質問したら、「すみません、よく分かりません」という答えをいただきました（笑）。聴く、聴かないという話ではなく、よく分かりませんという答えに、ひとまず初めての握手会でテンパっているんだなとは伝わりました。

本人に伝えたくなりそうな話ですが、言われてもリアクションしづらいかなと思い、3年間ずっと本人には伝えず、真佑ちゃんが卒業する日の番組の合間、雑談しているときに伝えました。ビックリしていましたが、盛大に笑い飛ばしていましたよ。

「隠されれば隠されるほど気になる」を逆手に取ろう

ラジオは自分の世界で想像できるから楽しい

ラジオの一番大きな特徴は、「**音声だけのメディア**」だということだと思っています。今は、ラジオ放送を補完するためにSNSや公式サイトで写真をアップすることもありますが、基本はラジオで音声のみで情報を伝え、それのみで楽しんでもらうことが大前提です。どんな光景なんだろう？　という想像には、人それぞれ頭の中に違ったものがあり、想像することで興味がかき立てられることもあると思うんですよね。

たとえば、「飲み会に行ったら、自分以外の参加者がみんな一軍のイケメンだった」とパーソナリティが話したとします。「イケメン」はなんとなく分かっても、人が思い浮かべるイケメンはそれぞれ違うと思います。きっと、自分が一番イケメンだと思う人を想像するでしょう。さらに、「一軍」という言葉はとてもあいまいです。サッカー部出身だったら一軍？　高校時代にバンドをやっていたら一軍？　学校で生徒会をやっていたら一軍？　でしたら高校時代に生徒会に入っていた僕も一軍出身でしょうか。人それぞれ、頭の中で想像して、自分なりの世界の中でパーソナリティのトークを楽しむ、それができるから、ラジオは楽しいんですよね。

意識的に「謎」をつくってみよう

以前、テレビ番組の企画会議で、プロデューサーさんが「カツラ疑惑のある人は数字を持っている」と言っていました。その方がカツラかどうか気になるから、視聴者さんはチャンネルを変えないそうです。謎だらけのトークは困りますが、**多少の謎を残す**というのは、話をする上で持っておかないといけない感覚だと思っています。

ラジオでは、トークの中に少し謎な部分があって、そこが気になって番組に質問メールを送る、またそれについて答える……そんな流れもよくあります。逆に、ラジオで話しながら、疑問を持つパーソナリティさんもいます。駆け出しの頃、ベテランディレクターさんから「物事に疑問を持つことができるパーソナリティは優秀」という話を教えていただきました。確かにそうです。疑問を持つことでトークが広がり、生放送のラジオ番組なら、リスナーさんからメールで意見を募集するなど、周りを巻き込んで番組を展開させることができます。リスナーさんとの距離が近い、双方向メディアと言われるラジオには、長く興味を持ってもらうために、あらゆるところに「謎」が必要なのかもしれませんね。

人との関係でも、ちょっとだけ謎な部分があったら、何もないよりも興味が出てくるのではないでしょうか。みなさんに実践していただくとしたら、たとえばこんなところでしょうか。

- 聞いてほしい話をするときには、起承転結の転であえて止めてみる
- 答えを知ってほしい質問をされたら、はぐらかす

●SNS投稿を控えめにしてみる
●カツラをかぶってみる

余談ですが、僕は仕事現場では基本的にずっと帽子をかぶっています。ミステリアスな雰囲気を醸し出したいから……ではなく、単純に面倒だからとか、ルックスがラジオづくりに邪魔だからとか、帽子をかぶっているとラジオの構成作家っぽいから、が理由なのですが、これももしかしたら仕事にいい効果が出ているのかもしれません。マスクをつけている人が魅力的に見える、的な。違いますね。

目立たなくても自分がMVP

えらい人に決めてもらう

会議の決定事項が自分の意見によって決まると、とても気持ちがいいものです。

その昔、若手時代に一緒に企画会議をしていた番組プロデューサーさんは、人の意見を否定するクセがあって、いつもなかなか企画が決定せずに、長い会議になりがちでした。そんなときに自然と身についたのが、アイデアをさりげなく出し続けて、その方に自分が考えたように思わせて、最終的に企画を決めてもらうというやり方です。

ちょっと難しいやり方だとは思います。こんな方法もあるんだな、程度に考えてください。

その会議では、普段通りアイデアを出しながら企画を形にしていくのですが、僕はその方と一緒のときは、**核心を突くことをあえて言わない**というスタンスで臨んでいました。キーワードとなる言葉を出し、「たとえばこんなやり方とか」など、ボンヤリした言い方でアイデアを出してじわじわと話をまとめていき、最後にズバリ、タイトルをつけてもらって、気持ちよく企画を決定してもらいます。最後に企画のタイトルを決めたら、その方は自分がまとめた気分になれるんです。

若手に意見を出してもらう

ベテランは意外と気を使います。

おかげさまで、僕も47歳になって、若者向け番組をつくっているスタッフの中ではベテランと呼ばれるようになりました。47という数字は、乃木坂を超えて、都道府県と同じ数、今年の12月でAKBと並びます。現場でお仕事をさせていただくメンバーは年下がほとんどです。キャリアを積んでくると、自分に対して周りが本音を言ってくれなくなります。そして、自分が出した意見がストレートに否定されづらくなります。意見は通りやすくなるかもしれませんが、必ずしも自分の意見が正しいとは限らないことを決して忘れてはいけません。

とはいえ、若手スタッフがベテランの言ったことと違う意見を出すのは、否定しているようで、ハードルが高いのではないでしょうか。

これは僕の若手作家時代の経験からくるものです。先輩が意見を言った後は自分の思ったままの意見が言いづらいなと感じたからです。大勢での会議をはじめ、少人数での打ち合わせでも、何も言わないまま終わることがたくさんありました。

ですから、まずは若手の意見・アイデアを聞いて、最後に自分の意見を言って、すべてミックスしていい感じにまとめるのがベストなのではないでしょうか。

若手からなかなか意見が出ない場合、僕は、トスといいますか、わざと**情報を提供して考えやすく**させているかもしれません。たとえば、「最近あの人○○にハマっているらしいよね」など、ヒントを与えてみるとか。すごくいい人みたいに聞こえますが、毎回やっているわけではございませんので！　お仕事でご一緒した若手作家からのクレームはナシでお願いします！　まあ、会議にはある程度の時間の制約もあるので、こればっかりは効率を重視することもあります。

目立たなくても、できることはたくさんある

これらの行動は、人に手柄を取られたように感じるかもしれません。しかし、僕は仕事に対して、人に迷惑さえかけなければ、どんな道筋をたどったとしても、結果的に面白く楽しい番組がつくれればすべてOKと考えています。**たとえ他の人が目立っていても、自分の心の中で、自分自身がMVP**だと思っていたらいいんですよ。あえて行動を控えるという作戦なんです。

「だから僕は、しゃべらない」。ようやくタイトル回収です。お見事です。

ですから、自分が黒子役に徹してトスを上げ続けていることに、たまに気づいて褒めてくれる人がいるとうれしいです。陰の努力をしている人に気づいてあげられる人もまた素晴らしいと思います。この方にもMVPを差し上げます。

考え方ひとつですが、何か仕事が成功で終わった場合、自分が少しでも関わっていたら、誇りに思っていいんです。自分の心の中で盛大に自分を褒めてあげてください。なんなら自分にＭＶＰをあげてもいいです！　会議に参加していたら、何も発言しなくても「自分が邪魔をしなかったおかげでうまくいった」と考えるとか、「上手に資料を配布した」とか、「おいしいお茶を用意できた」など、拡大解釈して自分も力になったと思いましょう！　心の中では自分の一番のファンは自分、それくらいのポジティブな考え方のほうが、人生楽しめますよ。

明るくポジティブに生きていれば、周りも引っ張られてもっと元気になって、仕事のモチベーションが上がる。みんなＷＩＮ-ＷＩＮですよね？

第2章

「場」をつくり、盛り上げる

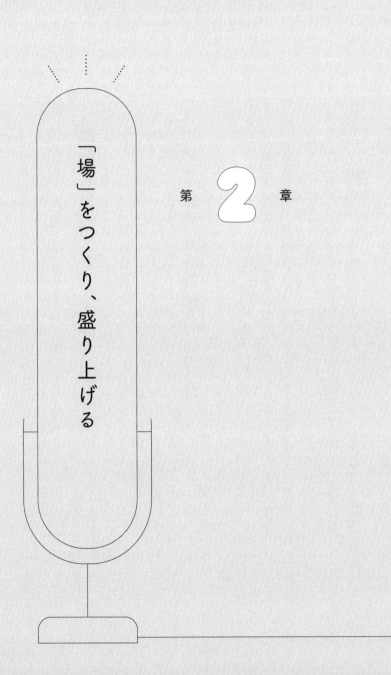

初対面の人と話すときは距離感を意識しよう

初めて会う人への細心の注意

ラジオをつくるにあたって、最初の顔合わせは今でも緊張します。パーソナリティさんの予備知識はあっても、実際に会ってみないとどんな方なのか不安ですから。もし横柄な態度を取りまくりの人だったらどうしようとか、最悪な状況を想定して妄想しています。もちろんそんな方はいませんが。

でも、いい大人が緊張していると周りはもっと緊張するので、緊張は隠します。百戦錬磨の方は、そのあたりも見越しているでしょうね。できるだけ自然体で「緊張なんてしていませんよ〜感」を出します。

顔合わせで多いのは、初回の収録当日に初めてパーソナリティに会うというパターンです。「はじめまして、よろしくお願いします」というあいさつの後、さっそく事前につくった台本を見ながら打ち合わせに入っていきます。まだ関係性もできてない中なので、初回の放送は全員が緊張して硬かったり様子をうかがっていたりして、変な雰囲気になってしまうことも多いです。そうならないように、細心の注意を払って打ち合わせに臨みます。僕が初対面の方とコミュニケーションを取るときに、どんな「細心の注意」をしているかですが、ほとんどこれに尽きます。

「**距離感を測ること**」です。

最初からフレンドリーに接していただける方もいれば、初対面ですぐに心を開かない人見知りの方もいます。人によって心地いい距離感は変わってくるものなので、パーソナリティさんの心地いい距離感を探りながら接していきます。言葉遣いなどもそうですね。最初は丁寧に、どなたにも敬語を使い、少しずつ距離を縮められたらと思います。

相手の心地いい距離感を測るためにも初回は**とにかく丁寧に**進めたいですし、打ち合わせと同じくらいお互いのことを知る時間も必要です。理想は、収録の前に台本打ち合わせの時間を普段の倍くらいもらえると、雑談をはさみつつ打ち合わせができて、パーソナリティとスタッフが、お互いを知ることができて、その後の番組づくりがいい雰囲気で行えるのではないかと思います。なんなら、打ち合わせの前に雑談だけで時間をいただけるとありがたいくらいです。

名前を呼ぶのもアシストのひとつ

グループやバンドの方と初対面の場合（ゲストにいらっしゃる場合）、非常に申し訳ないのですが、顔と名前を一致させるのが難しいという問題があります。特徴的な髪型であれ！　そして、最後のブログに載せた写真と同じ髪型・髪色であれ！　と、毎回心の中で祈っています。ちなみに、ある大人数グループのレギュラーラジオ番組の初回収録で、メンバーの顔と名前が完全に一致しているのが、実はスタッフでは自分だけということがありました。そのときは、それはもう重宝されました。もともとそのグループには詳しかったことから構成作家として起用されたのですが、詳しいとこんなこともあるんです。力になれてなによりですよ。

ちなみにこのときは、他のスタッフをアシストする意味で、**積極的にメンバーの名前を呼んで**いました。それを見たら、周りのスタッフもこの子の名前はこれ、と覚えていきますよね？　会議や打ち合わせなどでも、さりげなく周りの人の名前を口に出していると、名前をド忘れしている方が、こっそりホッとしているかもしれません。このようなチーム全体としての利点もありますので、意識してお名前を呼んでいきましょう！

時間をかけて仲を深めていくのが理想的

そして、番組によっては、初回収録・放送当日より前に、スタッフ陣とパーソナリティの顔合わせをすることがあります。あいさつをして、ざっくばらんにコーナー企画の話をしたり、飲みに行ったりすることもありました。

11年前、オテンキのりさんの『レコメン！』が始まる前には、ラジオブースを使って、ランスルーという、本番と同じように行うリハーサルをしました。月曜火曜水曜、3曜日すべて、日を変えてやっていたと思います。そこで想定しているコーナーをやってみて、いける、いけないを探っていました。ちなみに、のりさんの場合は、けっこう企画変更をした記憶があります。そして、リハーサルが終わった後に食事に行くなどして、仲良くなっていくという感じですね。

「何が好きですか？」から始めよう

時間をかけて初回放送に臨めるのは理想的ですよね。オテンキのりさんとの飲み会では、お互いの好きなものの話や、仲良くなるための話を意識して話していました。「何が好きですか？」という質問は、ストレートすぎて聞き方が難しいですが、**確実に相手に詳しくなれる質問**だと思っています。お互いに詳しければ話が盛り上がりますし、詳しくなくても知らないなりに質問して話を聞き出せたら、お互いの趣味嗜好を分かり合うことができます。

そして、この「何が好きですか?」という質問をされたら、確実に言えるのは「**相手は自分と打ち解けたいと思っている**」ということです。この質問をしてくれた相手の勇気に敬意を表して、オタク関連の趣味など、隠したいこともあるかもしれませんが、もしよろしければ、隠さずに本当のことを伝えてみませんか?

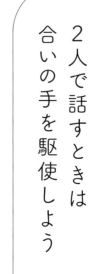

2人で話すときは合いの手を駆使しよう

実はこんなにあった！　合いの手の役割

ラジオにおける合いの手とは、**けっして会話の主導権は取らないものの、会話の方向を左右させるもの**です。

基本的に、トークは話す人・聞く人の2人でするものだと思っています。しかし、ラジオの場合、1人しゃべりというジャンルが存在します。2人でのトークは誰しも経験あると思いますが、1人しゃべりはラジオをやるまで、基本的に未経験で苦手だと思います。『レコメン！』でご一緒させてもらっていた乃木坂46の田村真佑ちゃん

合いの手の効果と例

効果	合いの手の例
聞いていることを示し、「次は?」の意味を示す	うんうん/ほぉ/それで?
質問してトークの補足をする	ん?/なんで?/え?
感情を代弁し一体感を出す	なんでやねん/へぇ〜

は、1人しゃべりがあまり得意ではないとよく言っていました。1人しゃべりのときに**話しやすくサポート**し、そしてリスナーさんにとっても**分かりやすく聴き心地のいいものにする**のが、合いの手の存在だと思っています。

そんな、意外と大事な合いの手の中で、僕が特に使っているものをいくつかご紹介します。

1 聞いていることを示す

「うんうん」「ほぉ」などは聞いていることを示して、「次は?」の意味を含んでいます。

パーソナリティは、リスナーさんの顔を直接見ながらトークできないことが多いです。そんな中でも「自分の話を聞いている人がいる」と安心して話し続けてもらえるように、と思って、これらの合いの手を入れています。

2 トークの補足をする

疑問形の合いの手では、思ったことを短く口に出します。聴いている人の大多数が疑問に思うことは、その場で質問したほうが聴きやすいラジオになると思いますから、トークの補足という感じでしょうか。

疑問形の合いの手を入れるためには、パーソナリティのトークを一言一句注意深く聞いて、内容もちゃんと理解しないといけません。

みなさんも、学校やお仕事などで、人の話を聞かないといけないことがあると思います。短い時間なら、全集中して話を聞きましょう。しかし、仕事で説明やプレゼンを受けるとき、校長先生の朝のあいさつなど、とても長い話の場合、疲れないように、自分の中でほどよく聞くことを休むのも手だと思っています。ここは聞くべきところ、聞かなくてもいいところというのを話の冒頭で判断できると、より楽ができると思います。集中して話を聞くのにはめちゃくちゃ精神力・体力が必要です。いい感じに自分を休ませることも人生には必要ですよ。

3 感情を代弁する

パーソナリティのボケに対して、僕が少しツッコミ気味に「なんでやねん」と口にすることもありました。ツッコミ的なワードは、聴いているリスナーさんが思うであろう感情の代弁でもあります。絶対にみんなこう思うだろうなと思ったことは、短い言葉で口にするようにしています。その場でリアクションできるのは自分だけですので、重要な役割だと思っています。

合いの手が重要なのは、ラジオ以外のシチュエーションでも同じです。おしゃべりが苦手な方との会話では、積極的に合いの手を入れてあげましょう。聞いている人の合いの手ひとつでしゃべりやすくなるはずです。ちゃんと聞いてくれていると感じるだけで**話すモチベーションが上がる**でしょうし、続きの話を早く知りたいときは「それで?」、疑問に思ったときは「なんで?」、感心したときは「へぇ〜」など、**少しの合いの手を入れるだけで、話を展開しやすくなる**のではないでしょうか。

聞き上手はモテるってよくいいますよね? 合いの手上手はモテる、これからそうなっていけばうれしいです。現状モテない僕が言っても説得力がないですが。

構成作家ならではの注意点も

しかし、僕のお仕事に限っての話ですが、合いの手の入れすぎには気をつけています。このあたりは感覚になってきますね。

リスナーさんは確実にパーソナリティの話を聴きたいわけで、僕のしゃべりを聴きたいわけじゃないですから。まれに「構成作家さんももっと話してほしいです!」などのメールやツイートも見かけます。心の中でうれしいなと思いつつも、この意見はほんの一部、しゃべるべきではないと思っています。

そもそも、関係が深くなってくると、過剰に構成作家に話を振るパーソナリティさんがいらっしゃいます。そこで作家がしゃべりだしてしまったら、どんどん作家の言葉数が増えていくと想定しています。あくまで作家はしゃべらない人、というスタンスは変えてはいけないと思っています。自分の発言がウケたときはうれしいですし、「ガイさん」「（番組名）永田」「（番組名）作家」などでツイッターにてエゴサーチもしますが、自分は黒子、自分は黒子と何度も復唱して、たとえ発言がウケたとしても自分の手柄にせず、黒子精神を忘れないように心にとめています。

3人で話すときは2人の関係性を探ろう

バランスよく話を聞くために

ラジオにおいて、3人でのトークをする場合、また状況が変わってきます。

3人でのトークは、1人がしゃべって、2人がバランスよく聞き役になればいいですが、「しゃべり役」「聞き役」「黙って聞く人」に分かれがちです。リスナーさんは、バランスよくみんなの話を聴きたいと思いますから、僕は構成作家として、黙って聞き続けているメンバーがいないように、あえて一番しゃべってない人にカンペを出して、質問をさせて、会話に入らせたりします。

僕はタレントさんのラジオ番組を始めるとき、事前にできるだけ情報を収集します。

グループで活動している人のラジオは、ランダムに選ばれたメンバーが何人かの組み合わせで担当するというスタイルが多いです。そうなると、それぞれ関係性は違うので、大げさかもしれませんが、毎回新しい番組をやっているようなものなんです。

- Aさんと Bさんの関係は？
- BさんはCさんのことをどう思っている？
- CさんとAさんはどちらがよくしゃべる？

まずは、このように**お互いの関係を理解しておく**ことが大事です。中でも一番重要なのは、**誰がよくしゃべる人か**、ということです。これはラジオ以外のお仕事でも分かっておくといい情報だと思います。自分がCさんだとして、Aさんはよくしゃべるけど、Bさんは口数少ないな、ということが分かれば、当日できるだけBさんに話を振ってみよう、などと対策を打つことができるからです。

どんな関係性なのか事前に情報収集を

ラジオに参加するメンバーが決まった段階から、僕はネットや過去の雑誌情報などをチェックします。たとえば、ある番組が始まる前には、知り合いの雑誌編集者の方にごちそうして、下積み時代のお話や、雑誌を読んだだけでは分からない情報も詳しく聞かせてもらいました。誰と誰が特に仲がいいとか、こんな話題が盛り上がるとか、さらに、このコンビが熱い！　このコンビはひそかに熱い！　あまり普段からまないこのコンビが来たら激アツ！　などなどの情報は、その後の番組構成でも役立っているのでは……と思います。とはいえ、人の関係性はずっと同じではなくどんどん変わっていくもの。収録前の雑談やからみを見て、最新の関係性を想像し、自分の中の情報を更新していきます。

パーソナリティの方が出演されるテレビ番組は積極的にチェックしています。バラエティならラジオでのトークネタになる可能性が高いですし、ドラマでもリスナーのみなさんから感想メールをいただきますので、メールを選ぶ僕が観ているかどうかで選び方も変わってくると思いますから。これも一種の情報収集ですかね？　でも、ラジオでご一緒している方のラブシーンはいまだに緊張してしまいます。ドラマを観ていて思わず、「わぁ！」とか「おいおいおい！」とか、声が出てしまうこともあったりなかったりです。

芸人さんでよくある話なのですが、裏ではほとんどしゃべらないコンビの方もいます。しゃべらない詳しい理由は分かりませんが、打ち合わせ段階で仲が悪そうに感じたら、自分ががんばってしゃべって場を温めようとします。まあ、だいたい芸人さんは収録を回し始めたら何もなかったかのように饒舌におしゃべりするんですけどね。プロやなあって感じます。

当日、一瞬黙ってみるという方法も

ラジオ以外でも、自分を含めた3人で話すことがあれば、**一瞬黙ってみて、2人のやりとりで関係性を推測**します。もしお1人が電話やお手洗いなどで席を外したりして、もう1人の方と話すタイミングがあったら、僕は席を外した方について質問するかもです。ふざけていい空気なら「お2人はつきあっていらっしゃるんですか?」とか聞いてしまうかもしれません。

後で詳しくお話ししますが、仕事での会話なら、**誰がこの話の決定権を持っているのか**を知ることが大切です。分かりやすく「プロデューサー」と決まっていればいいですが、実際は他の方が強い発言力を持っている場合もあります。何かを決定するとき、その方が「これいいですね」的な言葉を発したら決定の方向に進むような方です。業界にはそんな方が存在しがちです。会話の中でその力を持っている方の存在に早めに気づけば、お仕事でも有利に話を進めることができるのではないでしょうか。

初めて参加する打ち合わせ・会議は入ってくる情報量が多くて、ただでさえ緊張するのに気が抜けません。事前に準備しておいて、当日の負担を減らして臨みましょう。

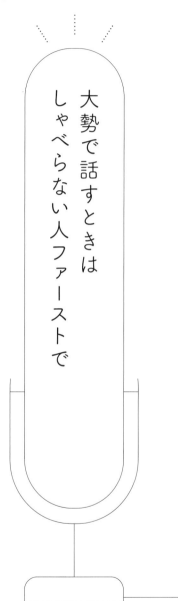

大勢で話すときは
しゃべらない人ファーストで

苦手そうな人にさりげなく話を振ろう

何人かのグループで話しているとき、どんな状況でも途中から話題に入っていける人がいます。

飲み会に遅れてやってきて、その後自然にみんなの輪の中に入っていける人。これは才能です。自然にトークに入れるタイミングを探る能力に加えて、第一声の言葉を選ぶセンスも必要です。「どうも〜！　何何？　何話してたの？」と元気に入っていくのが通用するかどうかはその人のキャラ次第。僕は言えないです。何人かで話しているとき、いつも会話に入れないという方もいるのではないでしょうか。

大勢でのおしゃべりが苦手な人は、**会話に入っていくのが苦手**という方がほとんどです。苦手そうな方と一緒になったときには、できる限り、話題を振ってあげましょう。**できるだけ優しくたずねる**感じですかね？

●ランダム風を装い「じゃあそちらから順に言っていきましょうか？」

●「○○はどう思うの？」

このように話を振るのがおススメです。

1人への配慮が全体の空気まで明るくする

おしゃべりが苦手な方に最初に話を振ると、結果的に、みんながバランスよくしゃべることができます。普段からおしゃべり上手な方は話を振らなくても自然に入ってこられますから。

たとえば、2019年8月に特番として放送された、SnowMan9人全員での初回収録放送(当時は『素のWoman』という番組でした)。オープニングトークで、仕切り役の深澤くんは、最初に目黒くん、次に渡辺くんという順番で話を振っていました(逆だったらすみません)。番組名に「素」とつくだけあって、素のおしゃべりをモットーにお送りしていますから、収録が始まる前、僕が深澤くんに伝えたのはひとつだけでした。「あまりしゃべらない人に最初に話を振って」と。にぎやかな向井くんや佐久間くんは遠くからでもガヤを入れて盛り上げてくれるので心配はしていませんでした。9人で1時間半の収録放送でしたが、9人まんべんなくそれぞれのトークが展開でき、初回からいい放送をお送りできたと思っています。

仕切り役はサインを見逃さないように注意

余談ですが、意外と大勢での収録では関係性やなんやかんや、考えすぎると大変です。結局のところ、出たとこ勝負になってしまいがちですから。信頼できる仕切り役にまかせて、もうカンペも仕切り役にしか出さないほうがいいと僕は思っています。となると、仕切り役はみなさんの会議でいうファシリテーター役になるわけです。みなさんが進行を務めることになったときには、**出席者のサインを見逃さない**ようにするのが大切です。言いたいことがある人は、仕切り役をじっと見たりとか、口を開こうとタイミングをうかがっていたりとか、しゃべりたいサインを出しています。

大喜利に答えるときもそうですが、普段積極的じゃない人が積極的な行動をしたときは、優先して当てていったほうがいいと思います。

もしかしたら、おしゃべりが苦手な方に最初に話を振るのはハードルが高いのでは？　と感じる方もいるかもしれません。確かに、超重苦しい会議などでは最初に話を振られるのは大変でしょう。そんな場合は、1番目に起爆剤的な人に話を振り、2番目にしゃべらない人に振るというのはどうでしょう？　1人目が場を温めてくれたら、次の人はしゃべりやすいです。そのときの会議の参加メンバー次第ですが、いろんなパターンがありますね。

とはいえ、苦手な人は何番目にしゃべっても、終わった後に「苦手」とか「緊張した」とか言うと思うので、もうそのあたりの相手の感情は気にせずに。

話を振る・振らないの判断基準

しゃべりたい人のサイン	仕切り役をじっと見る
	口を開こうとタイミングをうかがっている
しゃべりたくない人のサイン	じっとしていて表情が固い
	書く・読むなど何かしているフリをする

話下手さんこそ最初に発言しよう

控えめな方にアドバイスするなら、嫌なことは早く終わったほうが、気が楽になりますよ。

ここで、僕の若手作家時代のお話をひとつ。若手時代、たくさんの会議に参加させていただきました。会議での構成作家は、意見を言うために呼ばれているようなものです。何事においても、必ず意見を言わないといけません。そんなとき、僕はできるだけ最初に意見を言うようにしていました。だって、意見や感想がかぶった場合、「僕も同じです」って言いづらくないですか？

もうほとんど企画ができあがっているときに「どう思う？」とえらい人に感想を求められて「いいと思います」とだけ答えてしまい、「それは俺が言うセリフで、お前が言うセリフじゃない」と怒られたことがありました。今思えば、たとえできあがっているレベルの企画だったとしても、「〜〜なので、いいと思います」と、理由をつけ足すべきでした。

話下手だと自覚している方こそ、**周りに先手を取って最初に発言する**のがおススメです。最初に口を開くことで、その後もしゃべりやすくなりますし、いいことだらけだと思うのです。ちょっと弱い意見でも、会議の序盤はまだハードルが低い状態でしょうし、空気的に許されるのではないかと思います。やる気があると評価されるかもしれませんね！　勇気を出して、がんばってみるのはいかがでしょうか。

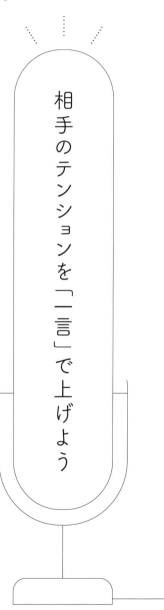

相手のテンションを「一言」で上げよう

4つのアプローチで相手を盛り上げろ

ラジオでのトークは、なによりもパーソナリティがノッていないと面白くならないものです。普段はものすごくおしゃべりの才能がある人なのに、マイクの前でしゃべるとなんかイマイチで、なんかもの足りない。特にラジオの初回放送では、そう感じてしまうことがあるんですね。

イマイチになってしまう原因は、ラジオ収録に緊張していること、その日誰ともしゃべってなくて口が回っていないこと、仕事が立て込んでいて頭が回っていないこと、単純にテンションが上がっていないことなど、いろんなパターンがあります。楽しいお仕事の後にラジオ収録がありハイテンションで収録の現場に来てくださる方もいれば、ラジオの現場に入って第一声で「疲れた〜」と口に出される方もいます。

収録当日どんなテンションかは実際に会ってみないと分かりません。ラジオは声だけのメディアなので、パーソナリティが発する一言一句にその日の気分・心理状態が出てしまうんですね。ですから、もしテンションが低い場合、マイナス要素を少しでもやわらげるように、収録現場でできる限りの行動をするのが、ラジオの世界での「黒子」役である、構成作家です。

そこで構成作家の僕が何をしているかというと、次に挙げる4つのアプローチです。

1 「**雑談**」で相手の気持ちをポジティブに変える
2 「**緊張してます?**」で相手の心を解きほぐす
3 「**驚き**」でコミュニケーションを取る
4 「**褒める**」はやっぱり最強

ラジオの場合、このアプローチは、**本番前のウォームアップ**という側面があります。もしパーソナリティのテンションが低くて言葉に詰まるようなことがあれば、それはつまらない放送に直結します。だから、あらかじめ気持ちを盛り上げておくことで、いきなりトップギアでスタートすることができるのです。

ちなみに僕はこれらを、打ち合わせや会議といったミーティングの場でも活用しています。たいていの場合、最初から大盛り上がりのミーティングなんてありません。10分、20分と経つにつれて皆のエンジンが温まり、議論が白熱していくものです。しかし、最初からエンジン全開で始めることができれば、温まるまでの時間を節約できますし、議論自体もより濃いものとなり、まさに一石二鳥なのです。

では、先に挙げた4つのアプローチについて詳しく紹介します。

①「雑談」で相手の気持ちをポジティブに変える

まず僕がよくやるのは、「雑談」で、相手の気持ちをポジティブに変えることです。

収録前にたくさん会話できたらいいのですが、だいたいの方は時間がないので、**一瞬で**テンションを上げてもらわないといけません。そこで僕は好きなアニメの話、マンガの話、ゲームの話、そして最近の芸能ゴシップの話をすることもあります。

ここでポイントになるのは、「**相手の得意な分野**」で話を展開することです。

アニメ好きの相手　↓　「〇〇のアニメ化が発表されたね」
マンガ好きの相手　↓　「今週の〇〇読んだ？」
ゲーム好きの相手　↓　「〇〇の続編が発売決定したね」
お笑い好きの相手　↓　「昨日の〇〇観た？」
ゴシップ好きの相手　↓　「あの人やっちゃったね」

まるで中高生の休み時間の会話みたいな薄っぺらさが漂いますが、やっぱり盛り上がります（笑）。

ただし、いま挙げたセリフだけでは十分ではありません。会話をさらに盛り上げるため、二手、三手先の展開も予想して話題の準備をしておきましょう。楽しい話をしていたら、徐々に気分も乗ってきますし、お互いがひとしきりしゃべることで、顔の筋肉もほぐれてリラックスすることができます。

②「緊張してます？」で相手の心を解きほぐす

相手の顔がこわばっているなと感じたら、こちらから「緊張してます？」と問いかけることもあります。緊張しているとき、人は「緊張してはいけない！」と言い聞かせがちですが、これは逆効果です。むしろ、**緊張を認めるほうがほぐれやすい**です。ポイントは**「緊張しないで！」ではなく、問いかける**こと。つまり、自分を客観視するきっかけをつくってあげるのです。すると相手は視界がぐっと広がり、気持ちをニュートラルな状態に戻すことができます。

初めてラジオに挑んだ芸人さんのお話です。ネタ番組で面白いと思った芸人さんを特番に起用したのですが、慣れない環境でとにかくガッチガチ！　仕切り役のツッコミの方も、自由にトークを展開する役のボケの方も、緊張しまくりでした。打ち合わせが終わり、収録直前に雑談しているとき、僕は、いじりの意味を含めて「もしかして、緊張してます？」と、あえて聞きました。ツッコミの方が「そうですね……」と話し出すと、ボケの方が「何言ってんだよ！　チャンスだぞ！」と、漫才のような言い合いが始まりました。あなたもガッチガチだったでしょとツッコみたかったですが（笑）。少し時間はかかりましたが、空気もほぐれて楽しい特番になりました。

この問いかけの面白いところは、客観視した相手が「自分で立て直すことができた！」ととらえてくれる点です。自信にあふれた表情になり、安心して話し始めることができます。もちろん「緊張してます？」という直接的な言い方でなくてもかまいません。相手によっては、「茶化しているのか？」と悪意にとらえられかねないので（笑）。大切なのは、**緊張している自分を客観視し、冷静さを取り戻させる**ことです。相手を傷つけない言い方ならば、なんでもかまいません。

③「驚き」でコミュニケーションを取る

忙しいパーソナリティの中には、意外と世の中で話題になっていることを知らない方もいらっしゃいます。話の流れで僕が伝えた「コーラ500㎖が値上がりした」という事実にめちゃくちゃ驚いている方がいました。他にも、「新しい地下鉄の路線が計画中らしいよ」という話や、「ヒカキンさんプロデュースのラーメンが近くのコンビニに売っていた」という報告、「○○さんが不倫していたらしい」というゴシップなど、**驚きの要素がある話題**は、みなさんテンションが上がります。このような、**聞いたら驚くような時事ネタ、豆知識**などは知っておいて損はないですよね。いざというときに話題に出せるように、普段から情報には敏感でいましょう。

④「褒める」はやっぱり最強

最後におすすめしたいのは、「褒める」ことです。

たとえばデートなら、待ち合わせで**会った瞬間**に相手のことを褒めましょう。褒め方が分からない場合は「なんか今日かわいいね」とか、**ボンヤリした言葉でいい**んです。その結果、相手のテンションが上がればいいんです。

仕事相手でも、空気を読みながら失礼のないように、**ちょっとした褒め言葉**をかけてみるのはどうでしょうか。

「きれいなオフィスですね」
「丁寧に対応していただいてありがとうございます」
「いつも細やかなメールをありがとうございます」
「今日はスーツなんですね、スーツ姿もいい感じですね！」

とか、あくまで**自然**な感じを心がけましょう。基本的に褒められて悪い気がする人はいないと思いますので、なんかいい方向に転ぶ気がします。

仕事関係で接する方や、お友達との会話でも、ほんのちょっと後押しすることで、相手のテンションを上げて、楽しくトークできるのではないかと思うんです。大事なプレゼンの前や、お友達と会ってすぐの会話に、ぜひ使ってみてください。

4つの方法を紹介しましたが、手段は選ばなくてもいいんです。限られた時間でできる最適な「一言」で、相手のテンションが上がる「火種」を探ってみてください。

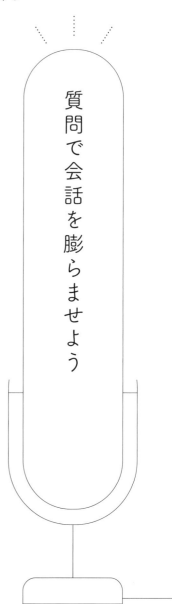

質問で会話を膨らませよう

寄り道をすれば話の展開は無限大！

盛り上がるトークとは、２人以上での会話の場合、どちらかが一方的に話しているのではなく、**お互いにどんどん話が出てきて、止まらずに展開していく会話**ではないでしょうか。

物語でも、あらすじをギュッと要約するとすぐに話が終わってしまいます。『桃太郎』なら「桃から生まれた桃太郎が動物の仲間と鬼を退治するお話」、『浦島太郎』なら「亀を助けてお礼に接待された浦島太郎がなぜかおじいさんになっちゃう話」、『金太郎』なら「熊と相撲を取る話」です。要約しすぎか。

ひとつの話に**寄り道**や**枝葉**をつけて、**たとえ**や**比喩**なども入れて豪華にしたのが、ラジオのフリートークです。寄り道やたとえは基本的にパーソナリティ本人が考えて表現していますが、打ち合わせで事前に話を聞いた構成作家やディレクターが気になる部分について質問したり、ポロっと口にしたりした表現をトークの中に取り入れてくれることもあります。きっと、お笑い芸人さんのネタと同じで、ライブでネタをかければかけるほど面白くなるように、トークも何度も同じ話をすることで、少しずつ要素の追加・修正が入って、どんどん面白くなっていくものなんだと思います。まあ、ラジオにおいて基本的に同じ話のフリートークをするのは一度きりですが。

たとえばですが、『金太郎』のお話を自分なりに膨らませてみます。
(この話はすべて僕の想像の中の、架空の『金太郎』です)

山間の村に生まれた金太郎。同世代の友達がいなかった金太郎は、前髪パッツンのおかっぱ頭に裸エプロン姿、常にまさかりを携帯して、周りの人の目を引こうとして

『金太郎』の膨らませ方

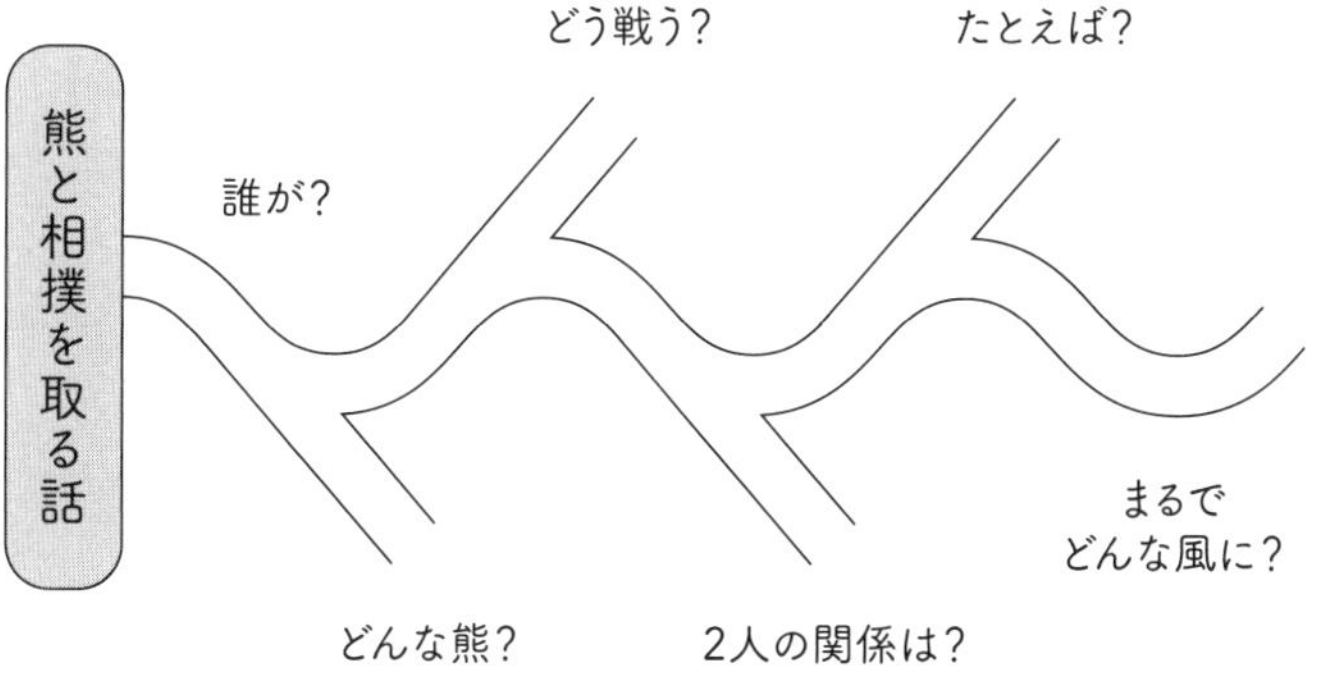

いました。そんな金太郎に友達ができます。なんと、同じくらいの体格の熊。まだまだ凶暴性が備わってない子どもの熊でした。しかし、ここは遊具も何もない山の中、お互いの力比べしかやることがありません。相撲勝負です。武器を使うことは公平ではないので、金太郎はまさかりを置き、熊は爪をしまい、互いの力を競わせることで絆を深めていきます。金太郎は、熊と相撲を取っているときが一番幸せでした。そして、熊も同じ感情を持っていました。2人は人間と熊という関係を超越して、親友だったのです。

しかし、そんなある日、金太郎の村に見知らぬ男がやってきます。

そこから金太郎と熊の運命は動いていきます……。

こんな感じでしょうか。

（こんな感じでしょうか。じゃねえよ！）

「熊と相撲を取る話」から、金太郎はどんな子どもなのか、相撲を取ったのはどんな熊なのか、相撲の様子はどうだったのか、枝葉をつけることで、ここまで展開できました。いつか映画化したときはぜひ映画館まで足をお運びください。

「おいしいランチを食べたんだ」さあ、何を聞く？

僕が話を膨らませるのに特に重要だと思うのは、**他の人からの質問**です。

話の中には、横道にそれることができる瞬間がいくつもあります。道路を車で走っていると、目的地に向かう途中で横に曲がるタイミングが何度もあるのと同じです。そのまま一直線にゴールに向かって走るのか、まったく違う方向への質問で回り道をしてゴールを目指すのか、会話の展開は無限にあるんですよね。

たとえば、目の前の相手が「この前、おいしいランチを食べたんだ」と話し始めたとします。この相手にこちらから投げかけられる質問は、みなさんならどんなものが思いつきますか？　僕がパッと思いついたのは、こんな質問です。

1 ランチの情報

「何食べたの？」（料理名）
「どこのお店？」（場所）
「どのへんがおいしかったの？」（感想・特徴）
「高かった？」（値段）

2 相手の情報

「誰と行ったの？」（誰）

「いつ行ったの？」（日時）
「よくランチには行くの？」（頻度）
「ランチにいくらまで出せる？」
「お昼休みに時間が余ったら何してる？」
「行列に何分くらい並べる？」

3 世間の情報

「一時期、ランチ合コン流行っていたよね」
「カラオケ屋さんでランチとかもあるよね」

みなさんはどんな質問を考えましたか？

さらには、「1人ランチ行ける？」「1人○○どこまでできる？」「自分は1人小倉旅行くらいかな」など、最後は僕自身の俺通信になってしまいましたが、ラジオじゃなければ、さらに質問から話題を展開して相手の話を奪わない程度に**自分の話をはさんでもいい**わけです（人の話の途中で主導権を奪う行為は嫌われるのでやめましょう）。

具体的な考え方はこんな感じでしょうか。

スタートが「おいしいランチを食べたんだ」だとすると、「（料理名）なんだけど、（場所）にあるお店でね、普通のお店と違って（特徴）で、またその（料理名）が（感想・特徴）で、なんと（値段）だったのよ！　行ったのは（いつ）だったんだけど……」みたいなトークになったとして、かっこ（○○）の部分が抜けている場合は、**質問することで情報の補完を目指して**みてください。話している対象について、相手の感情や生活について、分からない部分や、もっと知りたい内容がないかを考えてみるといいですよ。

この例に出しているランチに行った方が最後に何を言おうとしているかは分かりませんが、実際、世の中のだいたいのトークはたわいもない報告です。どんどん質問をして、相手の話の腰を折らないようにだけ気をつけて、質問で内容を広げてあげましょう。

質問の順番などは、大して深く考えなくて大丈夫です。よっぽど注意して接していかないといけない人以外、後から別のことを聞いてもいいわけですから。気楽でいいんですよ。自分がただ関連する内容をタイミングよく質問し続けるだけではなく、相手が興味ありそうな話題に展開できればより理想的ですし、質問をし合う仲になれればさらに話は盛り上がって、素晴らしい関係ですよね。質問によって会話の展開は無限大です。ぜひ実践してみてください！

質問といえば、かつて大竹さんのラジオ番組『大竹まこと ゴールデンラジオ！』で担当していたコーナー「ザ・ゴールデンヒストリー」の取材では、特に質問に力を入れていました。取材対象は世の中で頑張っているみなさん。構成作家がお話を伺い、その文章をナレーションにして大竹さんが朗読し、みなさまの人生を紹介する人物伝的なコーナーでした。このときは、取材前にたくさん質問を考えておき、最後に聞き忘れがないかチェックもしていました。それでも、収録の際、大竹さんに「なんでこの質問してないんだ」とダメ出しを受けることもありました。取材させていただいたみなさんから人生を学び、大竹さんからも勉強させていただき、作家として成長できた、思い出のコーナーです。

話の組み立てに悩んだら センテンスを短くしよう

トーク上手とおしゃべりは違う

トーク上手な人とおしゃべりな人は違います。

ただただ、思いついたことをすべて口にするおしゃべりな人は、それが奇跡的に面白い話になっている場合もありますが、たいていの場合、とっちらかった話になりがちで、面白くありません。そもそもですが、その人は「面白い話をしよう」と思ってないでしょうから、そんなもんです。一般的に、毎回面白い話をしなければいけないというルールはないのです。

ただし、ラジオのパーソナリティは、ハッキリと言われるわけではないですが、面白いトークを求められていると思います。生放送や収録の前に「今日も大爆笑のトーク、よろしくお願いします」とボケで言ったりしますが、「面白いトークを心がけないといけない」と契約書に書いてないですし、ラジオパーソナリティにそんな契約書があるかどうかも分かりません。でも、笑いを求められていることはみなさんうすうす感じていると思います。

僕は、たくさんしゃべる方には、事前の打ち合わせでほんのちょっとだけアドバイスをしています。といっても、「こんな話の展開はどうでしょう?」「このくだりは最後に持っていけばもっと面白くなりませんか?」くらいのニュアンスで、本人の話したいという感情を邪魔しない範囲で、順番や構成の提案をする程度です。最終的にはあくまでも話す人の判断になります。ほとんどの方は、打ち合わせをすると周りのリアクションを見て自分で修正点に気づき、本番ではより面白いトークを披露してくれます。このあたりは才能だと思います。

失敗を防ぎたいなら文章は短くしよう

一般の方は、ひとつひとつの会話に打ち合わせをするわけにはいきません。初披露のお話を自分で構成して相手に伝えないといけないのです。打ち合わせがない分、より大変です。

まず大前提ですが、友達との会話などでは、とっちらかったトークでいいんです。笑いを取る必要もないです。最終的にどちらも「楽しかったね」と感じられればそれでいいんです。気を使わない相手と、気楽におしゃべりしましょう。

そして、少し構えた相手に話さないといけない場合。たとえば、上司との飲み会などでしょうか。そんな場で、普段とっちらかった話をしてしまいがちな人がどうすればいいのかというと、究極の話、上司と**日頃以上にしゃべらなければいい**のです。それでも話を振られてしゃべらないといけないときなどは、**自分は話がとっちらかる人**

だということを頭の片隅に置き、短いセンテンスで返すようにしましょう。短くとはいえ、ぶっきらぼうな言い方にならないように、言葉遣いは気をつけてくださいね。

一番良くないのは、自分の話をダラダラとしてしまうことです。ツッコミ役がいたら、「いや長いねん！」と言ってもらったりして、笑いに変えてもらってもいいですが、これは応急処置です。ただ、ダラダラ話すことを上司や周りの人が楽しんでくれていたら、ダラダラしたトークもアリです。そんなときはいい職場に来られたと感謝しましょう。

結局はトークを生かすも殺すも周囲次第

『レコメン！』でオテンキのりさんが伝説のように何度も話していましたが、番組開始当初に担当していた吉田くんというディレクターは、目上の人間相手にどうでもいいことを言ってきました。赤ちゃんがいたら「のりさん、赤ちゃんですよ」、彼女ができたら「すみません、彼女できました」、スタッフとのりさんで地方に行ったとき、ホテルに向かう道の途中で「あっ、今日裸で寝よ！」、どれもどうでもいいことばかりです。「裸で寝よ」に関しては想像してしまって嫌な気分にもなります。でも、それがもうネタみたいになっていて、どうでもいいことをいきなり言われたらツッコむという流れがあり、さらに生放送でエピソードとして披露できたので、これはこれでOKでした。やはり周りの人次第ですね。どうでもいい話ですが、「裸で寝よ！」に対するのりさんのリアクションは「知らねえよ！」でした。

ちなみに、いい質問をしてくれる人がいると、とても話しやすくなります。とあるパーソナリティさんがラジオを始めた頃、僕とその方の2人きりになったタイミングで「ラジオのコツって、なんですかね？」という質問を受けたことがありました。とても難しいことを聞いてくるなと思いましたが、そのときに僕が答えたのは「質問すること」でした。ソロラジオ形式の番組ではなかったので、相手の話を広げるため、盛り上げるために、相手の話を興味を持って聞き、そして質問することが大事だという話をしました。もしかしたら、欲しかったのはそういう答えではなく、自分が上手に話すにはどうしたらいい？　という意味の質問だったのかもしれません。でしたらその節はお力になれず失礼しました。今度お会いしたとき、余計なお世話かもしれませんが、この本をお渡しさせていただきます。

結局、テレビ番組のひな壇トークで大爆笑を取るようなエピソードでも、それを面白いととらえるかどうかは、実は周りの人たちによります。話の内容を理解できなければ盛り上がりませんし、残念ながら、世の中には誰が何を言っても笑いが起きないシチュエーションも存在します。人との会話は水もの。それくらいの気持ちで深く考えないほうがいいのではないでしょうか。

役割ごとのベストな座り位置を意識しよう

仕切り役はお誕生日席に

大勢でしゃべるとき、誰がどこに座っているかも、微妙にトークの盛り上がりに関わってきます。

飲み会などでも、声が小さな方が一番端っこにいると、全員に聞こえない可能性がありますし、あまり打ち解けていない人同士が隣にいると、緊張して口数が減ってしまうかもしれません。

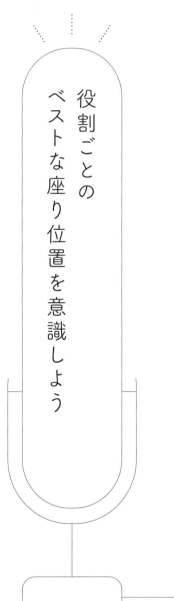

ラジオだと、特に決まった指定席がない場合、**仕切り役の方にはみんなを見渡せる位置、お誕生日席に**座ってもらいます。**よくしゃべる人は端っこ**です。遠くからガヤを入れて盛り上げてもらいます。仲のいい人は近くに配置という考えもありますが、隣だとトークに集中せずに遊んでしまうというパターンもあるので、その方の個性を見つつ、注意が必要です。

まあ、だいたいは仕切り役とよくしゃべる人だけが固定で、あとは自由に座ってもらうことが多いです。あまりガッチガチに決め込んでしまうと構えちゃう可能性もありますから。もしかしたら、大人数でのライブのMCに感覚が近いかもしれません。何か面白いことが起こりそうな並びを意識する感じでしょうか。リスナーのみなさんは自然体のトークを聴きたいと思うので、番組サイドはできるだけ素の状態で臨んでもらえるように心がけています。

Ｋｉｓ－Ｍｙ－Ｆｔ２のラジオ番組は毎回、アイドル雑誌『Ｄｕｅｔ』さんに取材に来ていただいていて、放送では分からなかった現場の様子・席順が1～2カ月後に写真で見られるというスタイルで11年間やってきています。今はソロパーソナリティでお送りしていますが、かつては7人しゃべり、4人しゃべり、3人しゃべりのときもありまして、席順情報もファンのみなさんは気にしてくださっていたようです。『Duet』さん、長きにわたってありがとうございます。先にKADOKAWAから本を出してしまってすみません。

ちなみに、僕は普段、1人しゃべりならその人の正面、2人ならお誕生日席、3人なら（だいたい4人席なので）空いている席またはお誕生日席に、それ以上だと仕切り役の後ろに丸イスを置いて座っています。

Kis-My-Ft2がおととしの夏に放送した10周年記念の生放送特番では、コーナーごとに進行役を変えていたので、その都度、僕は進行役の隣にポジションを変えていました。その結果、2時間半の放送中、ずっと立っていたような気がします。このときは、全体の進行役であり、ムードメーカーの宮田くんにお誕生日席に座ってもらい、番組を盛り上げていただきました。

目立ちたい日は真ん中に

それはさておき、仕事においては会議の席とか、飲み会の席などが関係してくるでしょうか。自分が中心となってバリバリ会議を進めてやるぜ！　という方は誰からも注目される**ど真ん中**に座ってみましょう。あまり自信のない会議の場合は端っこがいいかもしれませんが、端っこの席だと何かいい発言ができそうなときでも、全員に声がスムーズに届かないことで若干マイナスになりそうな気がします。自信があるときは最高の環境で発言したいですよね。がんばって最初から真ん中近くの席に陣取っていると、気が抜けない環境になるからでしょうか？　自然と会議の中に入れるものです。積極的に会議に参加しようという姿勢は周りにもきっと伝わるはず。経験が人を成長させるという言葉もありますから、積極的に前に出ることも、ときにはいいかもしれませんね。がんばりましょう！

相手のグループ内の関係性を見極めよう

えらい人を探そう

この人はこんな人！　それが名刺に書いてあればいいですが、多くの場合、所属先と役職くらいしか書いてありません。

僕は仕事柄、いろんな現場でたくさんの方と接することが多いです。一度に何人もの方と名刺交換をすると、もう名前が覚えられません。打ち合わせの場合、いただいた名刺は机の上に出したままにしておくのがマナーですが、その方がいる場所と名刺を置く位置を連動させるくらいしか僕には覚えるテクニックはありません。

しかし、プロジェクトを円滑に進めるにあたって、お名前を覚えることよりも大切なのは、そのごあいさつした方の中で、**誰がどのポジションにいるか**ということです。えらい方が「私はこの中で一番目上で、今回の決定権を持っています」とは自己紹介で言ってくれません。言ってもらえたら、話が進めやすくなりますが、周りから変わった人だなと思われてしまいます。なので、こちらが接してみて、自分なりに判断する必要があります。

判断するのに必要な情報は、**話し方**、**動き方**の2つでしょうか。

何人かの中でのやりとりを聞いていると分かりやすいかもしれません。えらいのは明らかに周りから気を使われている人です。**身内から一番敬語を使われている人**は誰かが分かると、ひとまず社内での上下関係は分かりますよね?

そして、僕の印象ですが、えらい人ほど、若手など、周りの人たちの意見をちゃんと聞いて、**後で自分の考えを話している**ような気がします。大人な振る舞いですね。最初に相手グループの中の関係性をつかめれば、円滑に打ち合わせも進められるのではないでしょうか。

ムードメーカーと親しくなろう

グループを相手に仕事をするとき、目上の方を見極めるだけでなく、**ムードメーカー的な人と仲良くなる**のもおススメです。たとえば、学生時代を思い出してください。誰とも仲良くできるような存在の子って、いませんでしたか？　ちなみに、クラスの中心的存在とはちょっと違うかもです。クラスの中心的存在の学生は、クラスの日陰者、いわゆる五軍男子（ⓒ『レコメン！』）から嫌われています。何も悪いことをしていなくても、人気者であっても、嫌う人はいるのです。ムードメーカー的存在は、二軍男子くらいのイメージでしょうか。クラスの誰とでもあいさつでき、自然と会話をすることができるような人です。そんな彼と仲良くなると、自然と友達が増えていくはずです。新しい学校・環境で友達ができないという方、狙うのは（言い方悪いな）二軍の学生です。参考にしてみてください！

ムードメーカーの人は、コミュニケーション能力が高く、仲良くなれば必ず力になってくれるはずです。ややこしいことが起きたときに他の方との間に入ってくれるかもしれませんし、こちらの要望があるとき、えらい人に取り入ってくれるかもしれません。仕事相手のグループなら、**話し合いを回している方**、もしくは、**進行役を任されたであろう若手をサポートしている方**がムードメーカーです。会議が終わった後に、ちょっと声をかけてみたり、個人あてにお礼のメールをしてみたりすると、いいことがあるかもしれませんよ。こすい手段に聞こえるかもしれませんが、これも世渡り上手・仕事上手になるためのひとつの方法です。

すぐに人の個性を決めつけてしまうのは良くないかもしれませんが、お仕事ならそんなこともいっていられません。えらい人、ムードメーカーを見つけて、スムーズにプロジェクトを進めましょう！

呼びやすいニックネームを名乗ってみよう

名前の呼びやすさで親密度が変わる!?

どうやら、世の中にはモテる名前が存在するそうです。都市伝説レベルで読んでください。

なんか口に出したくなるお名前があります。これは本能的なものだと思いますが、言っていて気持ちいい名前です。たとえばですが、聞いた話だと「しゅんすけ」という名前は口にすると気持ちいいのだとか。なんとなく分からないでもないです。僕の本名「あつし」は、とても気に入っていますが、「つし」の部分がちょっと言いづらい気もします。

たくさん口にしたくなるということは、声をかけやすいということにつながるのではないでしょうか。逆に、お名前やニックネームが口にしづらい場合って、声をかけづらくなりませんか？　声をかけやすい、そうなるとたくさん声をかけられる、そして、モテる！　……と、飛躍しすぎかもしれませんが、当たらずとも遠からずな気がします。

僕のいろいろな呼ばれ方

僕は現場によって呼ばれ方が違います。

「永田さん」これは通常の呼ばれ方です。世間一般的にも名字にさんづけが基本だと思います。年上のパーソナリティさんからは、「永田くん」と呼んでいただくことが多いです。

「ガイさん」これは番組にネタを投稿していた時代の名残ですが、受け継がれて受け継がれて、ここまで残ってきてしまいました。もともとは「ナイスガイ」が基本です。

そこから略して「ガイさん」と呼ばれるようになったのは、2002年頃が最初だったと思います。当時、周りはみんな僕を「ナイスガイ」と呼んでいましたが、年下の方とお仕事をすることも増えてくる中で、年下からすると呼び捨てにはしづらいですし、「ナイスガイさん」は長いですし、いつのまにか「ガイさん」が定着していきました。ちなみに、同じくらいの時期、当時仲良くさせていただいていたピン芸人のヒロシさんも「ガイさん」と呼び始めました。理由は「本人がナイスガイじゃないから」だそうです。まっとうな意見です。

新しく担当することになったパーソナリティさんも、誰から聞いたのか、いつのまにか「ガイさん」呼びになっていっています。自分で「ガイさんと呼んでくれ」とか、名乗っているわけじゃないんですけどね。もしかしたらですが、「ガイさん」は呼びやすい名前なのかもしれません。

そのほか、なぜか「ナイスさん」と呼ばれたり、若手時代にお世話になった方からは今も「ナイスガイ」と呼ばれたりすることもあります。

そもそも、自分自身で名づけるラジオネームに、なんで「ナイスガイ」と名づけたんだ？　って話ですよね。これは18歳のときから使っているものでして、それ以前は

「藤井寺球場」というラジオネームで何枚かラジオで読まれたことがある程度、の採用経験でした。東海地方のラジオ番組でそこそこネタを読まれるようになり、長く使えるラジオネームに変えたいなと思い、つけたのが「ナイスガイ」です。

この名前にした理由は、まず**誰でも問題なく読める**こと。**短い**こと。**口に出しやすい**こと。そして、いずれ有名になってパーソナリティさんにあいさつしたとき、いじってもらいたいと思い、このラジオネームにしました。だって、本人はナイスガイじゃないですから。ラジオネーム「ナイスガイ」だけど、会ってみたらナイスガイじゃない、そんなくだりまで若き日の自分は想定していたんですね。

のちに、テレビでも大活躍する超有名パーソナリティさんにお会いできたとき、「お前、ナイスガイやないやないか！」と盛大にツッコんでいただきました。計画通り（悪い顔で）。自分に「ナイスガイ」と名づけた若き日の自分を褒めてあげたいです。

人とのコミュニケーションを円滑にしたい場合、本名はすぐには変えられませんが、ニックネームは変えられます。呼びやすい名前、呼ばれやすい名前を意識してみるのはいかがでしょうか。

第3章

「相手」にしゃべらせる話題づくり

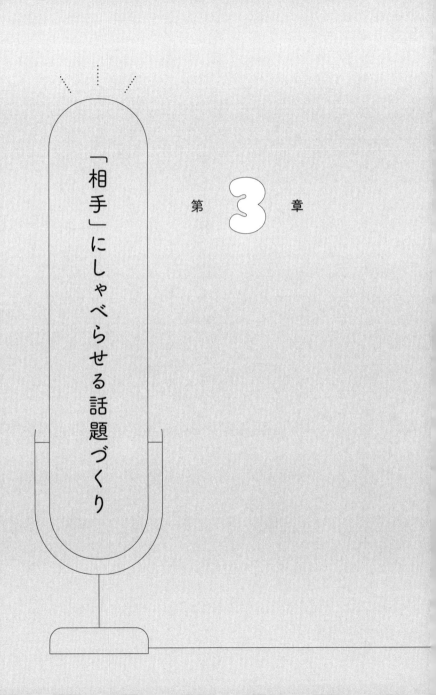

「最近何かあった？」からトークテーマを見つけよう

YES前提で聞くのがポイント

ラジオの定番コーナー・フリートークは、何もなしの状態からは始められません。普段もっとも使いがちなつくり方は、構成作家からの「最近何かありました？」という質問を打ち合わせでパーソナリティに投げかけるのが基本でしょうか。

国分太一さんのラジオでは、打ち合わせで、太一さんの「今日フリートーク何話そうか？」をきっかけに、たとえば次のような感じに僕が立て続けに質問をして、太一さんの最近の記憶を探っています。


「最近、どこか行ってきたんじゃないですか？」

「すごい人に会ったんじゃないですか？」

「おいしいもの買ったんじゃないですか？」

「おいしいもの食べたんじゃないですか？」

「何か気づいたことがあったんじゃないですか？」


そうすると、だいたい、「そういえばこの前……」という風に、お話しできそうなことが見つかります。**YES前提で質問する形**なので、このほうが記憶を掘り起こせるのではと思っています。「行きましたか？」だとすぐに「行ってない」と返したくなりますので。

そこからは、基本的にパーソナリティさんの記憶からフリートークを構成していき、たまに分からない部分や疑問・質問があった場合、構成作家が質問して、フリートークをつくり上げていきます。この作業ができるかどうかは、ほとんどパーソナリティさんの才能によります。まったくのウソ話、つくり話をすることは僕の知る限りではありません。話を盛ることはあるかもしれませんが、それはパーソナリティさんの頭の中のことなので、構成作家には分かりません。

過去に、「自分のおばあちゃんが気合を入れるときオロナミンCを飲む」というエピソードを話すときに、フリートークが終わった後、「実は自分のおばあちゃんじゃなく、嫁さんのおばあちゃんの話なんですけどね」と告白されたことがありますが、まあ、大きく考えたら間違いでもないので、かわいいもんです。

ラジオ界の帝王・伊集院光さんが行われている、深夜ラジオのオープニングで、「最近気づいたこと！」から一言報告して、その後のフリートークにつなげる、という手法は、ものすごくよくできているなと思います。気づいたことがタイトルのような意味合いを持ち、フリートークの中のどこかで、なぜそう気づいたのか回収される。これから始まる伊集院さんのフリートークへの期待感も高まりますし、素晴らしい構成だと思います！　僕が中学生の頃からずっと深夜ラジオを続けている伊集院さんは今も変わらず尊敬の存在です。今もお会いしたら緊張すると思います。

話せる「何か」をつくりに出かけることも

ほとんどないですが、まれにパーソナリティさんが話そうとしていることが放送に適さない場合があります。放送コードに抵触しそうな話であったり、その方が抱えているスポンサーさんとの兼ね合いであったり。

昔、一緒にラジオをやっていたある芸人さんがパチスロの台になるということで、その芸人さんと仲が良かった僕は、導入初日に朝一でホールの行列に並んで、一緒に打ったことがあります。もちろん、ラジオのフリートークで話すことを見越して打ちに行ったのですが、この話を放送で話そうとしたら、マネージャーさんからNGが出まして。なんでも、ひとつのスポンサーさんをサービスすると、他のスポンサーさんに申し訳ないから、という理由でした。そういう考え方もあるかぁと驚きましたが、自分が出ている台を打ちに行ったという部分を隠した場合、「ただ仲良し友達とパチスロに行った」というだけの日常トークになってしまうので、泣く泣くその朝一パチスロネタをフリートークで話すのはあきらめました。その日は2人とも勝ったので良かったですが、もし負けていたらもっと愚痴を言っていたと思います(笑)。話がそれましたね。

みなさんも、会ったばかりだと、仲のいい人とでも何を話せばいいのか戸惑うことはありませんか? トークの入り口は「**最近何かあった?**」が基本です。「**最近どう?**」「**いい感じ?**」などなど、お友達との会話でも質問してあげましょう。僕が太一さんにしている質問も、よろしかったら参考にしてみてください。

ただし、後輩に対して「最近何か面白いことあった?」と聞いてしまうと、無茶ぶりする悪い先輩になってしまうので、あくまで優しく自然に、ハードルを上げずに質問してあげてください。くれぐれも、高圧的に接してはダメですよ!

相手の「好き」ベースで話題をつくろう

ウォーミングアップは好きなものの話がベスト

オタクのみなさんが好きなものの話をするとしゃべりが止まらなくなるように、好きなものの話をするのは基本的に楽しくて、口が回ります。ラジオ番組の収録前は、パーソナリティさんとその人の好きなものの話をして、場を温めています。ウォーミングアップには最適ですね。

ここでは、次の3つに分けて、話題づくりのヒントをお話ししたいと思います。

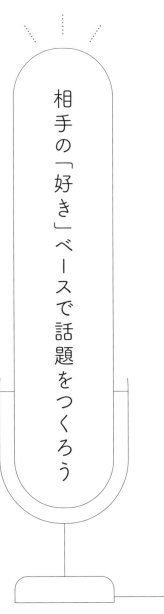

1 相手の好きなものを知っているとき
2 相手の好きなものを知らないとき
3 特に好きなものの情報がないとき

①相手の好きなものを知っているとき

定番の入り方は**「最近〇〇やってる?」というセリフからの趣味トーク**です。「最近Dead by Daylightやってる?」「モンスター狩ってる?」「今週のワンピース、ヤバくない?」など、相手の好きなものを知っていると話が早いです。逆に「FF16やってます?」などとパーソナリティさんから質問されることもあります。こんな関係になれると、一瞬で盛り上がりをつくれますね。

パーソナリティによっては、ほんのりとした下ネタも盛り上がるので、そんな話をすることもあります。しかし、下ネタは好き嫌いがあるので、最初に下ネタが出たときのリアクションでよしあしを見ます。本気で大笑いしているかどうか、みたいな感じでしょうか。とあるラジオでは、収録直前のマイクテストで、毎回、放送では言えないような下ネタを言います。いきなり予想外の下ネタを言うとだいたいウケます。

②相手の好きなものを知らないとき

タレントさんでしたら、ネットなどで事前にリサーチしたり、SNSをチェックしたりして好きなものの情報を探します。

- 最近しているゲーム
- お気に入りのアニメ
- ハマっているVtuber
- ハマっているもの
- 食べておいしかったもの

このようなポジティブな話をトークの入り口にして、テンションを上げてもらえたら楽しい放送に近づきます！

好きなものの情報を見つけたら、その好きなもの自体についても調べて話のネタを考えています。そんなことを続けていたら、自然と自分もいろんなことに詳しくなっていくので、勉強になります。楽しいです。

一般の方の情報をネットで得ることは難しいかもしれませんが、みなさんも、知り合いと会う前には相手のSNSをチェックしてみるのはどうでしょうか。そして、相手の好きなものを見つけられたときには、無理のない範囲で、相手の好きなことについて調べてみるのもおススメですよ。

実際に接するときにも、小物とか、トークの端々に好きなもののヒントはあったりするものです。たとえば、これらは、すぐにチェックできて分かりやすいですよね。

- スマホの裏に何のステッカーを貼っているか?
- どんなキーホルダーをつけているか?

ちなみに僕がスマホに貼っているのは「くずパチ」（YouTubeで配信中のパチンコパチスロ実戦バラエティ）のステッカーです。スマホの裏、気にして見てみましょう。

③特に好きなものの情報がないとき

どうにも好きなものの情報を見つけられない場合には、その方の活動について調べて、相手に感想などを伝えています。たとえばアイドルの方だったら、僕は、新曲を聞いた感想を伝えたり、MVを観た感想を伝えたりしています。「チェックしてくれたんですか！ ありがとうございます！」「私のために時間を使ってくれてうれしいです！」など、感激してくれる方もいらっしゃいます。

これはあくまでタレントさん相手のお仕事のお話です。一般の方なら、不自然に相手のことに詳しかったりすると気持ち悪がられる可能性もあるので（特に異性の間では）、ほどほどに。相手の反応を見ながら、接していきましょう。

とはいえ、ゲストさんとの打ち合わせでも、用意していた好きなものの話や楽曲の感想など、言わないことも多いです。備えあれば憂いなしです。準備した知識・経験が全部無駄になるわけではないので、それでいいんですよ。

出そうな話題は3つの視点で下調べしておこう

疑問にすぐ答えられるよう、事前に調べておく

僕は、ラジオ番組を収録する前、している最中も、かなりスマホを使う機会が多いです。

パーソナリティが話している中で、「あの出来事は何年前の話だっけ？」みたいな感じのちょっとした疑問を持つことがあるからです。今は答えがあるものなら、ネットで検索すればだいたいの疑問は解決します。生放送の中で出た疑問をパーソナリティの目の前で調べて検索結果を見せることもあります。ですので、本番の後はいつも、

わけの分からない検索履歴が残ります。たとえば、「驚き桃の木山椒の木とは」「アルフィー　結成」「メガネ　跳ね上げ式」「ヨーロッパ　ジャンル」など。

しかし、どのスタジオでもできるわけではありません。スタジオ内は電波が入らない場合も多く、放送中にスタジオ内での検索ができない場合があるからです。生放送中に携帯が鳴ったり、バイブが動いたりすると放送に乗ってしまいますから、もともと電波を遮断するつくりになっているんだと思います。そのため、パーソナリティが疑問に思いそうなことを、事前に調べておくのが理想です。

みなさんも、友達との会話ではスマホ片手に調べ、その情報から話を広げることもあるでしょう。しかし、仕事の会議など、疑問点をその場で検索することができない状況では、事前に資料に目を通したり、会議の流れを想像したりすることも必要です。

正誤、関連情報、補足説明をチェック

ラジオにおいて、事前に調べる例として分かりやすいのが、リスナーさんからの

メールです。

何かしらの情報がメールの中に入っている場合、まずは、いただいた**情報が本当に正しいのかどうか**、ネットで検索して、確認しています。雑学など、諸説ある場合は、「諸説ありのようです」とこちらで追記して、パーソナリティさんに一言言ってもらいます。パーソナリティを通して放送局からオンエアするものですから、いい加減なことを言ってはいけないのです。

次に、情報を調べている中で、**さらに広がりそうな情報**を見つけた場合、メールの余白に軽く書き込んで、トークの題材に使ってもらっています。

さらに、メールの余白には、パーソナリティに内容をすぐ理解してもらうために、**補足説明を書く**場合もあります。たとえば、「海賊の眼帯」と聞いて、イメージできる人、できない人がいます。人生において眼帯を使ったことがない方は、眼帯という言葉がすぐに理解できないかもしれません。念のため、すぐにイメージしてもらうため、眼帯をした海賊の絵を描いたことがあります。めちゃくちゃ下手でした。まあまあ、絵は気持ちですよね。

これらは僕がパーソナリティのために行っていることですが、みなさんが自分のために行う事前準備としても使えるかもしれません。たとえば資料を読む際、気になった情報・単語を検索して確認してみる、面白い関連情報を見つけたらメモしておく、誰かに聞かれた場合に説明が難しいと感じる用語は、分かりやすく伝えられるように意識しておく、などなど、事前に準備をしておくことでその後の会議や打ち合わせを円滑に進められそうです。使えるなと思われましたら、ぜひ参考にしてください！

ただし、事前に調べていて知識があったとしても、答え方には注意です！　どうしても、人が知らないことを伝える場合、いわゆる「ドヤ顔」「ドヤ声」になってしまいます。さりげなく、くれぐれも**上から言っている感じにならないように**注意しましょう！　「僕はあなたよりも物知りですよ。どうですか？　この僕の知識量は！　さあどうぞ褒めてください！」（セリフはあくまで妄想です）みたいに感じて、博識な人が鼻につくという方もいらっしゃるはずです。謙虚にふるまうと、そんな方に対しても悪印象を与えなくて済みます。「もしかして」とか、「たぶんですが」とか、ちょっと保険をかけているような感じで言うのもいいかもしれませんね。どんだけ気を使っているんだと思うかもですが、これもテクニックですよ。

ネットニュースで情報収集をしよう

円滑なコミュニケーションのために

スマホって、便利ですよね。

めちゃくちゃ当たり前のことを言いましたが、使う前とは世界が一変するほど、僕はスマホのヘビーユーザーです。ｉＰｈｏｎｅは１日のスマホ起動時間を記録してくれるのですが、今、僕の過去１週間のスマホ時間の１日平均を調べたら、なんと14時間でした。かつて、プロゲーマーの高橋名人は「ゲームは１日１時間」と言っていましたが、それの14倍です。自分でも少し引いてしまいました。

内訳を調べてみたら、約40％がゲームアプリの「ドラゴンクエストウォーク」をやっている時間でした。移動時間も常に起動して自動モード（画面を見なくてもいい、歩いていたら勝手にモンスターと戦ってくれるモード）にしているので、時間が長くなるのはしょうがありません。このゲームのおかげで、不規則で不健康な生活を送りがちな構成作家の自分が、健康でいられている気がします。いつもありがとうございます。

そしてその次、起動時間のうち約25％を使っていたのが、「Ｙａｈｏｏ！ＪＡＰＡＮ」アプリです。14時間の25％なので、１日だいたい3時間半くらい見ているのだと思います。

では、この3時間半、何をしているかというと、「**情報収集**」です。

世の中で起きている出来事について、最低限の知識は持っておくべきだと思っています。たとえば、台風が近づいているなどの気象情報や、首相が変わったなどの大きな政治ニュースなど、僕の中で知っておかないといけないと思う知識の範囲は「**周りの人から話題に出されそうなニュース**」です。

僕の場合、ラジオの現場に到着しての第一声が「また○○選手打ったね！」とか、

「あの選挙の結果で、これからどうなるの？」など、番組の中で話さなくとも、パーソナリティさんと雑談をすることも多いんです。そんなとき、構成作家は「そうなんですか？」「へぇ〜」だけで乗り切るわけにはいきません。信頼関係を築く上で、パーソナリティさんに「この人、何も知らないな」と不安を与えてしまうのも良くないと思いますから。円滑なコミュニケーションができるよう、ある程度、世の中の情報を頭に入れて打ち合わせに臨むようにしています。

では、そんな知識を効率よく得るための、僕の情報収集のやり方についてお話しします。

まずはトップニュースを確認

「Ｙａｈｏｏ！」は、日本で最も見られているポータルサイトです。トップページに表示されるトピックス欄は、現代においてはテレビのニュースのトップニュースのようなもので、たくさんの人が見出しを目にして、気になる人はクリックし、その情報を頭に入れます。これのいいところは、スマホが手元にあれば、ほんのわずかな時間でチェックできることです。僕も、移動中や暇な時間など、「Yahoo!」アプリを立ち上げて、トピックス欄をチェックするという生活を続けています。あまりチェックできなかった日は、トップニュースだけを集めているページにアクセスし、1日分のトップニュースの見出しのみチェックしていた時期もありました。

そして、トップニュース以外でも、「Yahoo!」にはAIが分析しておススメしてくるネットニュースがあります。これは、過去の検索履歴などから選ばれた自分好みのニュースなので、気になる見出しが多く、要チェックです。僕はやはりアイドル関連のニュースをよくおススメされます。

トップニュースで広く情報を得るだけでなく、自分の興味のあることについては深く知ることも大事です。過去に検索したことは、自分にとって必要なジャンルの情報である可能性が強いですし、単純に知りたい情報がそこにある可能性が高いからです。何かにめちゃくちゃ詳しい人は貴重ですから、見ておいて損はないのではないでしょうか。

「汎用型」「特化型」の話題づくり

今紹介した方法は、話題を「大きさ」「ジャンル」から探しにいく方法でした。老若男女を問わず、わりと万人に使えるオールマイティな便利さがあります。

こうした「汎用型」の話題づくりをする一方で、**「特化型」の話題づくり**も欠かせません。特に、同じ部署の仲間、近しい取引先との会話など、相手の素性を知った場合に使えます。

『レコメン！』などの若者向けの番組をやっていたときなら「中高生」「若者」「流行り」「流行　アプリ」など、「Ｙａｈｏｏ！」のページ内で検索をかけて、引っかかったネットニュースを毎週読んでいました。新型コロナが流行してから、「流行」という言葉がやたらコロナ関連で引っかかってくるようになり、以前よりも手間が増えました。こんなところにもコロナ禍の影響ですよ。

また、関わりがある人についても、最近の情報を知るために、「Ｙａｈｏｏ！ニュース」で検索という行動は、いつもやっていました。企画を考えるときの参考にしたり、台本を書くときのトークネタにできるものを拾ったりしていました。なんだかんだで「Ｙａｈｏｏ！ニュース」はネットニュースの中心的存在なんですよね。

すぐに使えない情報も自分を成長させてくれる

もし、周りの誰もが話題にしないことばかりなら、知る必要はないのかもしれません。しかし、世の中、実は知っておいたほうがいいことばかりです。人が知らないことを知っている人はモテると風のうわさで聞きました（ただし、相手によります）。情報を知る作業も、自分を成長させていると感じられますし、楽しいですよ。

若手時代、毎日僕を怒っていたディレクターさんが、「あのバンドの新曲、なんてジャンルだったっけ？」と打ち合わせで聞いてきたことがありました。答えは「フォルクローレ」。パーソナリティさんが、放送で一度だけ口にしていた言葉でした。そのときは誰も覚えておらず、僕がフォルクローレだと伝えると、珍しく褒めてもらいました。ディレクターさんから「これでクビが2週間延びたな」と。まあ結局クビになりましたが、いい思い出です。

全然仕事に使えない情報でも、このネットニュースを日頃からチェックする作業を重ねていると、自然と情報を記憶していき、自分の知識になります。一般の47歳男性で、ジャニーズデビュー組の全員の名前（Jr．のみなさんの名前も）、坂道全メンバーの名前、すべて言える人はなかなかいないんじゃないかと思います。もし、構成作家対抗のクイズ大会とかあったら出たいです！　どなたか、主催される場合、ぜひお声がけください！　まあ、そんなことを言っていても、クイズ作家さんには余裕で負けるでしょうけど。

余談ですが、僕は高校時代にクイズ研究会を立ち上げたほど、クイズにハマっていたことがありました。今はそこまでの情熱はないですが、先日、ずっとひそかに夢見ていた「アタック25」の予選に初めて参加し、ペーパーテストで落ちました（笑）。

生活〝不〟必需品を持ち歩いてみよう

いつか誰かの役に立つ（はず）

- クリアファイル　7枚
- サインペン　10本以上
- サイコロ
- スーパーボール
- ハンドスピナー
- ティッシュ・ウェットティッシュ

僕のカバンの中身は、いつもだいたいこんな感じです。

1 カバン

基本的に、仕事へ行くときはいつも同じカバンを使っています。常に開いていて、上からすぐに出し入れできるトートバッグです。現場で作業を早く進められるように、このスタイルになりました。いつでも右手で文字を書けるように、毎日左肩にかけています。なんだか利き腕を大切にするプロ野球のピッチャーみたいですね。

2 クリアファイル

カバンの中には、流行りのアニメのクリアファイルを入れてよく使っています。これも話題づくりになりませんか？　と思っていましたが、年齢的にどうなんだろうなと書きながら思えてきました（笑）。今現在のカバンの中には、『鬼滅の刃』、『僕のヒーローアカデミア』、『SPY×FAMILY』、『五等分の花嫁』、『スプラトゥーン』、日ハムの今川選手、などのクリアファイルが入っていました。小学生か。

3 サインペン

ちなみに、人と違う持ち物としては、ラジオ業界で「作家ペン」と呼ばれる、ぺんてるの赤いサインペンを、10本以上、ペンケースに入れています。本数の基準は、担当している番組のパーソナリティの最大人数プラス自分用の1本、という考え方です。でも心配性なので、実際はもう少し持ち歩いています。

余談ですが、一時期、緑色のサインペンを手に入れたことがきっかけで、グループ内でのメンバーカラーが緑の人にだけ、緑色のサインペンを渡すという、自分の中だけでの遊びをやっていたこともありました。雑誌の取材でカメラが入っていたこともあるので、なんでこの子だけ緑色のペンなんだろう？　と思った方もいるかもしれませんが、ただの気まぐれな遊びです。

4 サイコロ・スーパーボール

サイコロは企画で使う可能性もあるかなと思って、少し大きめのものをペンケースに入れています。番組でサイコロを使ったコーナーをやっていることもありますが、サイコロがあったら何かの企画で使うこともできますし、念のためです。同じ理由で、スーパーボールも持っています。かさばらないので、これくらいは毎日持ち歩いています。

5 ハンドスピナー

ハンドスピナーブームのとき、話題づくりのために何種類か持ち歩いていまして、それがカバンの中に入ったままで、パーソナリティさんにいじられることもあります。まあ、ひと笑いあればいいんですよ。

6 ティッシュ・ウェットティッシュ

スタジオでの収録時、ティッシュやウェットティッシュが必要になる場合、けっこうあるんです。飲み物や食べ物をこぼした場合や、何か拭きたい場合などなど。1年に3回くらいはお世話になっていると思います。一度、生放送で女性アイドルの方がゲストのときにティッシュが必要になって、カバンから適当に取ってポケットティッシュを渡したのですが、それが女性アイドルに見せられないような、繁華街で配っているいかがわしいティッシュだったので、生放送中に自分だけドキドキしたことがありました。それからは健全なティッシュを忍ばせるようにしています。

僕自身はごく当たり前に持ち歩いていたのですが、どうやら「いつか」「誰か」のためのものを日々持ち歩いているというのは、少し珍しいことのようです。

たしかに、実際仕事で使えることはそうそうないので、ただかさばるだけだといわれたらそうなのですが、念のために準備していることで、自分の中になんとなく安心感が生まれます。話のタネになることもありますよね。たぶん。いや、きっと。

みなさんも、たとえばペンや消しゴムを余分に持っておくなど、まずは小さいものから増やしてみてはどうでしょうか？　貸し借りを通して、いつか誰かと仲良くなれるかもしれませんよ。

流行りの「モノ」は会話のツールになる

余談ですが、僕にはかなりオタク気質もあるので、部屋にめちゃくちゃモノが多いです。パーソナリティさん関連のＣＤやＤＶＤ・Ｂｌｕ－ｒａｙだけでも、長年やっているとかなりの量になりましたし、マンガも読み、ゲームもします。流行りものにも手を出します。

もしかしたらいつか使えるかも、という感覚で捨てずにいるものもたくさんあり、代表的なものは「たまごっち」です。オスっち・メスっちを3セット（3つがい？）くらい、そして海外版たまごっちも持っています。すべて未開封・未使用です。パーソナリティさんにプレゼントするタイミングを逃し、眠らせてしまっていました。

その点で企画につながったのが、Kis-My-Ft2の10周年ラジオ特番でのミニ四駆企画です。僕はプライベートでミニ四駆大会に参加するために、ミニ四駆を3台持っているのですが、これが企画で大活躍。メンバーにも楽しんでいただきました！　ラジオなのにミニ四駆。意味が分からないことをするのも、またラジオっぽくていいじゃないですか。

実は最近、人生で一番の断捨離をしました。「思い出を全部捨てる」がテーマでしたが、過去に担当していた番組のノベルティグッズ、有名人のお宝サイン（これはプライベートで手に入れたものが多数）、さらにパーソナリティさんに「いつか復活するときまで永田さんがキープしといてください」と言われていたものなど、ひとつひとつに構成作家人生の思い出が詰まっていて、結局全部は捨てられませんでした。

流行りは、情報だけでなく実際の「モノ」で体感して知っていると、パーソナリティからの質問に対して、検索しなくてもすぐに答えることができます。知識に厚みが出るんじゃないかと思うんです。流行に敏感な人、知識が豊富な人はどの場面でも重宝されますよ。

話題づくりは
アニメを観ることから始めよう

今一番流行っているものをすすめてみる

その昔、フジテレビの月9ドラマ『HERO』が、ものすごくブームになっていました。当時参加していた番組で、パーソナリティさんが一度も観たことがない『HERO』を観てみるというフリートークをされたことがあったのですが、これ実は、スタッフからの提案で実現したものでした。この方はとても流行りにうとい人だったので、世の中で一番流行っているものに触れてもらって、そこで新たな世界を切り開いてもらいたいという思いからでした。普段と違うフリートークになり、聴いてくださっている方も少し違うトーク内容を楽しんでいただけたのではないでしょうか。

みなさんにも、どんな話を振ってみても「知らない」の一点張りで会話が続かない知り合いがいませんか？　もちろん、合わないと思ったら無理をすることはありませんが、どうしても仲を深めたいと思ったときには、相手に今一番流行っていると思うものにトライしてもらって、その感想を話してみるのもいいと思います。

しかし、「絶対に観てくださいね！」のような感じでおススメしても、宿題のような感じになってしまうので、あまり作品を楽しめなくなってしまいそうです。たとえばですが、「流行っているらしいよ」と教えるところから始め、興味があるかないか、観ていない理由を聞いて、それとなくおススメする感じでいかがでしょうか。

おススメするものは「**一番流行っている**」というところが大事です。なぜなら、一番流行っているものには、確実に人を夢中にさせる何かがあると思うので、触れてみると実際に素晴らしい経験になる可能性が高いからです。流行りのアニメ、マンガ、ドラマ、映画、超大ヒット作品はやはり面白いです。そして、もし自分に合わなかったとしても、その合わなかったという経験を人に話すことで、何かしらの話題にできるはずです。一番流行っているものに関する話題なら、良くも悪くも、興味を持ってもらえそうな気がしますから。

まあ、多様性の世の中なので観なくてもいいかもですが……。

一回観てもらえたら、その後はご本人次第です。一回の話題づくりになるかもしれませんし、楽しく感じてもらえたらハマるかもしれません。そこから、新しい世界を開くことの楽しさに気づく可能性もあります。そうなると、世界が広がっていきますね！

話題はベタでいい

ここまでは、人におススメする話でしたが、経験していないことに挑戦するのは、何かしら新しい発見がありそうですし、みなさんにもやっていただきたい行動です。約20年前の『HERO』の例を出しましたが、今の時代だと、アニメのほうが適しているかもしれません。『鬼滅の刃』、『SPY×FAMILY』など、社会現象レベルで人気になる作品も多いですよね。

面白い話題、鉄板ネタというと、人の経験していない、珍しいエピソードこそ盛り上がると思う方も多いのではないでしょうか。スピーチならそれもいいかもしれません。しかし、日常会話は、相手とのラリーありきです。あまりに突飛だと、相手が質問する内容に困ったり、共感できなかったりして、意外と話が続かないことがあります。だからこそ、**相手がある程度知っている話をする**ことがコツなのです。

現在流行っている最大公約数的なもの、昔ならドラマ、今ならばアニメを体験してみると、それが良かった、良くなかったなど、話題にすることができます。誰しも名前くらいは知っている作品であれば、何かしら話題のとっかかりになりそうです。知っているものだと話が通じやすいですからね。

これを突き詰めていった究極の話題が、もしかしたら天気の話なのかもしれません。でも、天気の話は時間つなぎにはなりますが、盛り上がらないでしょうし、時間をつないでいるな感が満載です。やっぱり天気からもう一歩進んだ共通の話題がいいですよね。

話題づくりに困っている人は、世の中で人気な作品を観たり、さらには流行っているところへ行ったり、バズっているスイーツを食べたりしてみてください。その感想を話すだけでも、きっと盛り上がるはずですよ。

アニメきっかけで人がつながる

アニメが話題づくりにとどまらず、番組の企画にもなった例をひとつ。

過去に、オテンキのりさんの『レコメン！』で「ラブライブ！スペシャル」という、特番のような生放送をやったことがありました。3時間の生放送を使って、ただただ『ラブライブ！』の魅力を語りつくすというものです。テレビアニメ『ラブライブ！』の勢いがスゴイという話から、『レコメン！』ファミリーの『ラブライブ！』が大好きなＫｉｓ－Ｍｙ－Ｆｔ２宮田くんと一緒に何かできないかというところから考えました。そしてオテンキのりさんに向けて、世の中で大ブームになっていること、面白さを必死に伝えてＴＶアニメを全話観てもらい、実現した企画です。

合計4回もスペシャルを放送したのですが、最初は宮田くんと芸人の天津向さんだけだったゲストが回を重ねるごとに増えていき、当時はまだジャニーズＪｒ．だった

Snow Manの佐久間くん、声優の寺島拓篤さん、ピン芸人のバイク川崎バイクさんなど、どんどん『ラブライブ！』の輪が広がっていきました。もはや『レコメン！』関係なく、カラオケボックスに集まって一緒に『ラブライブ！』を鑑賞するという集まりも開かれました。

自分の知識、趣味から始まった企画で人がつながり形になる、これこそまるで『ラブライブ！』の世界のようで感動の企画でした。出会いから8年経ちますが、今も仲良くて、いい関係は続いていますよ。みんな！　ファイトだよ！

面白い企画の基本は掛け合わせと検証

斬新な企画をつくるのは難しい

斬新な企画・コーナーって、なかなか生まれないものです。

これは、同じ仕事を長くやればやるほど、実感してくるようになります。構成作家として新しいものを生み出したいという願望は常にあるのですが、なかなか難しいです。リスナーのみなさんも、ラジオを聴いていて「あれ？　このコーナー、あの番組でやっていたあのコーナーに似ているよね」と感じることがあるかもしれません。しかし、パーソナリティが違ったり、ネタを選ぶスタッフが違ったり、放送する時代背景が違ったり、聴いているリスナーさんが違ったりと、環境は100％同じではないのではないでしょうか。言い訳に聞こえますか？　それもご意見です、ありがとうございます。

みなさんも、会社の上司に「斬新なイベント案はないのか！」とか、「これまでにないアプローチ方法ってできない？」とか、学生のみなさんなら、文化祭などで「これまでにやってないような出し物をやりたい」などと言われ、考えてみたけど行き詰まった経験はありませんか？　そして、「企画」というと仰々しいですが、実はコミュニケーションそのものも企画の連続です。相手と楽しい時間を過ごすために、人を誘ったり、会う場所を決めたり、話題を出したりするのも、立派な企画なのです。

では、そんな「企画」を少しでも面白いものにするために、僕が考えていることをお話しします。

自分側×受け取る側の個性の掛け合わせ

ラジオ番組のコーナーは、**掛け合わせ**でできています（いることが多いです）。

まずは、**パーソナリティの個性**から連想させるのが基本ではないかと思います。その方が興味を持っていること、趣味、マイブーム、番組での発言などを振り返ります。そこに、**リスナーさんからメールを募集**するとしたらどんな内容が面白くなるのか？　をミックスして、考えていきます。

たとえば、これは国分太一さんの番組ですが、「『アメとムチ』という言葉は現代に合わないんじゃないか？」と太一さんが放送の中で話したことがきっかけで、リスナーのみなさんから「現代にふさわしいご褒美と罰」を募集する「新アメとムチ」というコーナーが誕生しました。

「内容が面白くなる」の部分も、読むだけで笑える面白いメールを募集するコーナーもあれば、メールをきっかけにパーソナリティの面白いトークに展開できそうなコーナーもあります。どちらもラジオのコーナーとして成立していると思います。

もちろん、「掛け合わせ」の技はあくまで基本です。究極の話、メールを募集しないコーナーでもいいわけですし、パーソナリティに関係がない話題でも、「今〇〇が流行っている」などを切り口にしてコーナーに仕上げていくこともあります。たとえば、メールを募集しないコーナーなら、ネットニュースで取り上げられていることに文句

企画を考える際の掛け合わせ

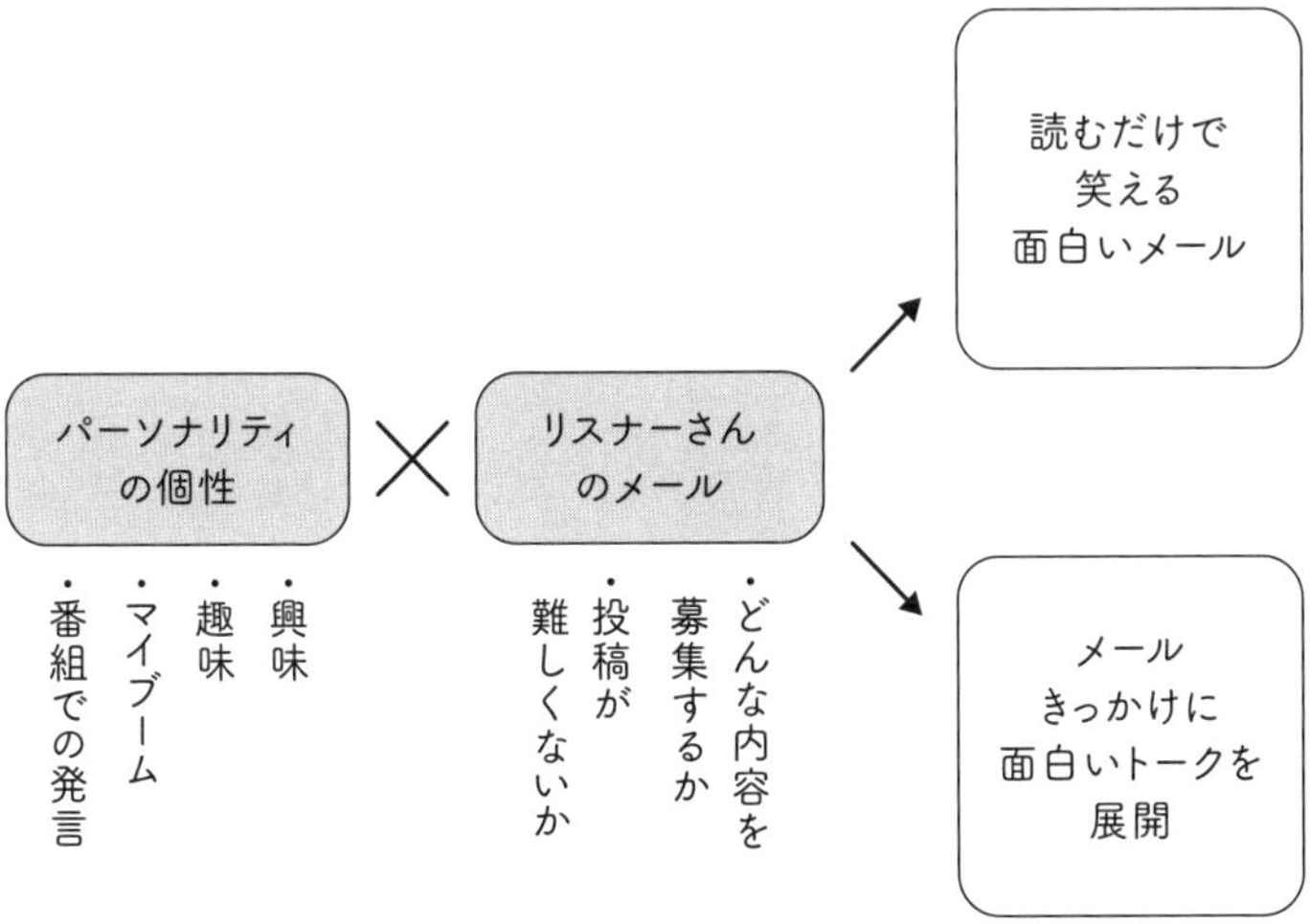

を言っていく「ネットニュースに物申す！」とか、「チャットGPT」の流行を受けて、リスナーに質問の答えをチャットGPT風に答えてもらう「リスナーGPT」とか、パッと架空のコーナーを書きましたが、どちらも実際にありそうですよね（笑）？　結果的に面白いコーナーになれば、考え方の入り口はなんでもいいのです。

投稿例を10個以上考えられるか確認

スタッフ間の打ち合わせで、ある程度コーナーの形が決まり、〇〇を題材に、〜〜を募集する、ということまで決まったら、自分がリスナーになったつもりで、メールの投稿例を出していきます。構成作家とディレクターでポンポンと10個くらいは出てくることが必要です。自分たちであまりいい例が出せない場合、リスナーさんも考えるのが大変だと思うからです。

みなさんも、お客さんを想定したお仕事の場合、お客さんの気持ちになって、シミュレーションをしてみますよね？　投稿してくれる方の立場に立って実際に考えてみることも同じです。投稿例が出ない場合は、この要素が難しくしている、ここを変えてみたら、などとコーナーをブラッシュアップしていきます。

ただし、あまりに書くのが難しいコーナーでも、思い切って採用することもあります。ときに、スタッフの想像を超えてくる面白いメールを書いてきてくださるリスナーさんがいるからです。もしかしたら、スタッフで投稿例がたくさん出てくるコーナーよりも、「見えない」状況から生まれたコーナーこそが、大ヒットにつながっているのかもしれません。

ちなみに、『レコメン！』の「女性アイドル顔だけ総選挙」は、僕とプロデューサーの立ち話レベルの雑談から生まれた企画でした。「顔だけで選ぶなら一番好きな女性アイドルは誰?」というテーマでリスナーさんに投票してもらって生放送で発表するという、毎年6月にやっていた恒例企画です。この時代に、よく何年もやったもんだなと思います(笑)。ラジオ番組の一企画なのに、毎年ネットニュースに取り上げられ、テレビ番組に取り上げられて、さらにはご本人さんにコメントしてもらうという現象まで起きてしまいました。自分の企画のタイトルが「Yahoo!」のトップニュースを飾ったのはこのときだけだったのではないかと思います。その後、なぜかこの企画の存在を知ったナインティナインの矢部さんがラジオで触れてくれたのもめちゃくちゃうれしかったです。ゲスを具現化したような企画でしたが、たくさんの方にご参加いただいて、そして話題にしていただいて、構成作家冥利《みょうり》に尽きます。みなさん、その節はありがとうございました。

オリジナリティは細部に宿る

コーナーの例から、自分なりの企画のつくり方を書いてみましたが、さらに言うなら、メールを送ってもらう内容がどこかでやっていたような感じでも、様々なアレンジを加えて、オリジナルの色を出すこともできます。

- コーナータイトルを変える（見出しを変える）
- ネタを読む前の前フリを変える（導入を工夫する）
- ネタ紹介にエコーをつける（見せ方にこだわる）

みなさんも、たとえばプレゼンやスピーチなどで、もし前の人と内容がかぶったとしても、自分なりの色をつけ加えてみてはいかがでしょうか？　同じようなことでも、表現ひとつで、違って聞こえることもありますよ。みなさんならではのオリジナリティは小さなアレンジから生まれるのです。

ここまで読んで、「手を替え品を替え」って感じていますか？　それってあなたの感想ですよね？

第4章

「気遣い」で心をつかむ

丁寧さを追求して損はしない

「丁寧さ」はこんな行動で

明らかに年下の方、新人の方でも、初対面では、**必ず敬語**で話すようにしています。なれなれしすぎる人はスタッフとして適さないと思っているからです。

だいたい、ラジオのパーソナリティはタレントさんなので、どの現場でも輪の中心です。ゲストさんならなおさら、最初は丁寧に。その後、何度もお会いしたり、レギュラーでお仕事をしたりしていくうちに、ものすごく慣れてきたら話し方が変わってくる場合もあります。このあたりは相手との関係性ですね。みなさんの場合でしたら、お仕事相手のクライアントさんなどでしょうか。

「丁寧に」といいますが、具体的にはどんな行動が「丁寧」でしょうか。僕が思いついたのはこんなところです。

- 敬語を使う
- あいさつのときにお辞儀をする
- 行動のたびに「失礼します」と言う
- 「ありがとうございます」と、ことあるごとに感謝を伝える
- 備考欄に一言書く

たとえばですが、現場では、頭を何度も下げます。スタッフの方に対しても、チームの中で誰がえらい方なのかイマイチ分からないですし、下から入って損はないと思いますから。「腰は低く、志は高く」でいきましょう（志が低くてもいいですけどね）。そんな腰が低い自分に対し、明らかに上からの態度で接してくる人もいます。そんな人はどうせ売れないので、心の中で呪いの言葉をかけておきます。

少しの気遣いで相手も自分も幸せになれる

余談ですが、僕はコンビニや飲食店などでも、会計の後に「ありがとうございました」を絶対に言っています。「ありがとう」って、言われるとうれしくないですか？うれしいと感じる人が多いと思うので、必ず伝えます。「ありがとう」と言うためのカロリーと、言われたときの喜びを想像して天秤《てんびん》にかけると、断然「ありがとう」を言う派になります。少し前に、若者が店員さんに「ありがとう」を言うのは恥ずかしいと思っているというネットニュースがありました。そこをなんとか！　感謝の気持ちを口に出して、言っていきましょうよ！

ラジオ番組の収録終わり、別れのあいさつは「お疲れ様でした」なのですが、僕はそれに加えて「ありがとうございました」も言うようにしています。パーソナリティさんも、「ありがとうございました」と言う方は多いです。

『レコメン！』のゲストに来てくれた、とある女性バンドのベースの方が、生放送への出演後、台本に赤ペンで「ありがとうございました。また呼んでください」とイラストつきで書いて帰られたときは感激しました。ちょっと好きになって裏垢でツイッターもフォローさせていただきました(笑)。こういうの、印象に残りますよね。

それから僕も、ゲームのアンケート、通販の備考欄、デリバリーの備考欄などで「いつも楽しませてもらっています」とか、「どうぞよろしくお願いします」とか、「お世話になります、よろしくお願いします」とか、**必ず一言書く**ようにしています。これもたくさんのメールを日常的に読んでいるからでしょうか。ほんの少しの丁寧さで相手に喜んでいただいて、またお仕事をがんばっていただけたら、こちらもまわりまわって幸せになれると信じていますから。

腰は低く、志は高く、「ありがとう」を口に出すのを忘れずに。これから先、さらに年齢を重ねても心がけたいですね。

悪い話の伝え方は回り道が正解

本心をやんわり伝えるために

芸人さんに「面白くない」と言ってはいけません。

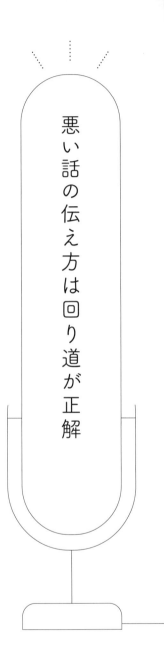

「面白い」は、芸人さんの一番大切な部分、全力で追求していることで、最も尊重すべきところです。しかし、この「面白い」という感覚は、受け取る人の感性によってものすごく変化します。仮に僕が面白くないと思っても、面白いと思う人がいるかもしれません。いや、実際たくさんいると思います。

そして、現場で「面白くない」と本人に伝えることでどれだけ空気が悪くなるのかを想像すると、とてもじゃないですが言えません。言いたくないです。
でも、放送を自分なりに「面白い」ものにするためには、どうしても指摘をしなければいけない……。そんなときの僕の行動を紹介します。

「この番組を聴いているのはこういう人なので、ちょっと伝わりづらいかもですね」
「ちょっとその表現だと嫌な思いをする人が……」
「僕はいいと思うんですけど、ご時世的にちょっと……」

など、ニュアンスで「ちょっと」といった言葉をつけ加えながら、**自分ではない何かのせいにする**んです。なんとか「面白くない」とは言わずに、話の方向を変えようとします。そうすると、芸人さんも空気を感じて、「この話はダメなんだ」と認識します。100%の納得じゃないと思いますが、ひとまず、構成作家である僕がその話に乗っていないということは確かなので、みなさんだいたい違う話を選択します。

あと、**過剰な演技で持ち上げるというボケ**をして、イマイチというのを伝えるということもよくやっていました。

「面白い！　さすがです！　いただきました！」
「すごい！　天才です！　面白すぎる！」
「これで売れちゃいますね！　あっ、もう売れてましたか！」

などなど。これはもう、ある程度関係性がある方との間でのおふざけです。みなさん、僕が本気で言っていないという空気を感じ取って、違う話にスライドします。

「面白くない」という言葉は、もうケンカ別れしてもいいと思う人くらいじゃないと僕は言えないです。直接言ったことはないんじゃないですかね？

面白いときは大爆笑で伝える

逆に、面白いときは打ち合わせなどでも演技ではなく僕も大爆笑しているので、芸人さんはリアクションを見て、この話はイケる、イケないを判断していると思います。

ちなみに、国分太一さんは、本当に自信のある面白トークを用意している場合、あえて打ち合わせで構成作家には話さず、収録本番で初出しします。年に一度くらいしかないですが、そんな流れで話した話は確実に面白いです。

まあでも、構成作家のリアクションが悪くても、最終的に放送で言うか言わないかはパーソナリティの判断です。優秀なパーソナリティさんは、そのあたりの感覚もとても鋭いです。話してみてイマイチだったらそれはそれで勉強になったでしょうし、長い目でみて次の放送に生きればと思っています。

人と自分の感性は違うということを意識する

笑いのツボほど、人によって変わってくるものはありません。対象が多ければ多くなるほど、全員を笑わせることは難しくなっていくと思います。気の知れた友人と居酒屋でバカ話をする、ファミレスで同じ趣味の友達と延々とおしゃべりする、身内でのトークが一番面白いと思っています。ものすごくたくさんの方に評価されないといけないお笑いの賞レースは、本当に大変だなと思っています。優勝される芸人さんはスゴイですよね。

ラジオの場合、長年聴いていただいていると、そのパーソナリティのことをリスナーさんが理解し、だんだんと笑えるようになってくるという現象があります。しゃべった言葉の意味が分からない場合、今の時代なら検索して調べてもらうこともできます。いい時代になったものです。

最初は知らなかったパーソナリティの友達の存在や仕事周りの人の話など、聴けば聴くほど、自分も身内になったような感覚になって、より楽しめるようになるんです。楽しいですね、ラジオって。

最も「人による感覚」ということで、なんだか笑いの話が中心になってしまいましたが、僕が言いたいのは、人のがんばっていること、大事にしていることに対して、否定的なコメントをしなければならないときには、**思っていることをそのまま口に出さないほうがうまくいく**ということです。**人と自分の感性は違う**ということを覚えておきましょう。みなさんの生活に生かすとしたら、仕事だったら、後輩のアイデアにアドバイスをするとき、家庭だったら、パートナーの趣味がエスカレートしているとき、などですかね。ストレートに自分の言いたいことを伝えず、多少回りくどくなったとしても、他の言い方で伝えて誘導してみるのはいかがでしょうか。真っ向からの価値観のぶつかり合いこそがドラマを生むように思う人もいるかもしれませんが、楽しい場の雰囲気を壊さないのも、努力のひとつです。やってみましょう。

ちなみに、普段は本心をやんわり伝えるように気をつけている僕ですが、知り合いからの恋愛相談などには、ズバッと本質を言うようにしています。今の世の中、（特にラジオでは）本音での答えって言いづらかったりしませんか？ 「それは脈なし」とか、「それは遊ばれています」とか、「その彼氏、浮気していますね」とか、「今すぐ別れたほうがいい」とか。女の子の前で優しいアドバイスをして自分の好感度を上げてワンチャンを狙う男子がいますが、僕は自分の好感度は一切気にせずに、本音で感じたことを伝えています。最短距離で恋愛の真理に迫るので、意外と重宝されているんじゃないですかね？ 次は恋愛ハウツー本とかどうですかね？ ＫＡＤＯＫＡＷＡさん。

口ぐせは「いい感じ」

相手への心地いいプレッシャーになる

「いい感じ」、これは僕の口ぐせのひとつです。

よく使いがちなのは、お仕事で**人に何かをまかせる場合**です。ラジオ番組は少人数でつくっていますが、少なからず人にまかせないといけない場合があります。代表的なものでは、番組の収録が終わった後、編集作業を担当するディレクターとの別れ際に言う「いい感じに編集お願いします」です。もはやあいさつのように伝えています。

他にも、年下の作家くんに作業をお願いするときなど、「いい感じにおまかせします」

と最後に一言伝えています。これ、適当に言っているわけじゃないんですよ！ これにもちゃんと僕の想いが込められています。「編集お願いします」「おまかせします」だと、もう僕の手を離れて、番組がどんな出来になるか、すべてその人にかかってきます。そして、とても冷たい表現のように自分では感じてしまいます。相手を信用してないわけじゃないですが、おまかせするにあたって、僕の希望は「いい感じ」に仕上げていただきたいということなんです。ただ人にまかせっきりにしているわけじゃないんです。

「いい感じ」とは、ものすごくボンヤリした表現です。**ガッチガチに厳しく追求しないものの、少し上を意識するニュアンス**。僕が人におまかせするときに思っていることを声にして5文字で表現しています。「いい感じ」にお願いしたいんです。

この言葉を使うようになったのは、昔、深夜に放送していたドラマシリーズ『演技者。』で『いい感じに電気が消える家』というタイトルの作品が放送されてからです。なんと気になるタイトルなのでしょうか。そして、なんとあったかい雰囲気を醸し出すのでしょうか。

アタマにつけるだけでなぜか空気がなごむ

人に何かをまかせるとき以外でも、頻繁に僕はこの言葉を使っています。たとえば、他に仕事をしている人がいるのに、**先に帰るとき**です。年齢を重ねると、年配の人間が帰らないと若手は帰りづらくなることを知っているので、僕は空気を読んでそこそこで帰るようにしています。

僕が先に帰るときの定番の一言は「いい感じに帰ります」です。少し意味が分かりませんが、ただ「帰ります」と伝えるよりも、ちょっと言葉をつけ加えるだけで、なんか優しい印象になりませんか？

もしかしたら僕だけかもしれませんが、定型のテンプレートな言葉って、少し冷たい印象があるんですよね。メール冒頭で使いがちなあいさつ「いつも拝聴しています」という言葉もあまり好きじゃないです。拝聴って普段絶対に使わない言葉ですから。

「めっちゃ楽しみにしています！」のほうが気持ちがこもっていて好きです。まあ、これも僕の好みです。採用不採用には関係ないです。

この後、メールを読まれたい方へのアドバイスで「他の人が書かなそうなことを書く」のをおススメしますが、周りの人に自分を印象づけるために何か変わった言葉を使うのも作戦のひとつ。みなさんもいい感じに実践してみてくださいね！

パーソナリティズハイに気をつけよう

腹9分目くらいで切り上げるのがベスト

たとえめちゃくちゃ面白い話でも、延々と続けられたり、何度も同じ話を繰り返されたりすると、だんだんと面白くなくなっていきます。飲み会での上司の武勇伝も、1度目は普通に聞くことができたとしても、2度目以降は聞いていられない感じでしょうか。ちょっと違いますかね。

もちろん、そのトークが面白く、盛り上がっていれば、究極の話、どれだけ長くなってもいいと思っています。しかし、しゃべっているとランナーズハイならぬ、パーソナリティズハイ的な感じになり、どんどんどんどんウケている話を続けてしまう、こすり続けてしまうという場合があります。

そのため、「あのトーク面白かったな〜」と終わった後でリスナーさんに感じてもらえるように、パーソナリティが気持ちよくフリートークを続けていたとしても、長くなりすぎない程度で話を締める方向に持っていくのが、構成作家・ディレクターの役割です。

みなさんの生活においても、面白い話でも長くなりすぎないように、そこそこ、腹9分目くらいで切り上げるのが一番面白く感じる頃合いなのではないでしょうか。周りが楽しんでくれているのかなど、空気を読んで、長くなりがちな話をコントロールすることが大切です。

「しゃべりすぎ!?」にどう気づくか

実際、パーソナリティさんは目の前の構成作家が楽しんでいるかを笑い声の量や表情などで読み取るので、自分から良きところで話を終わらせます。長く話しているなという肌感覚もあると思います。みなさんも、目の前の人がちらちら時計を見ていたり、相づちが単調になってきたり、目線が合わなくなってきたりしたら、「楽しんでくれていないかも」という可能性を考えてもいいかもしれません。

そして、そのことに気づいたら、多少強引でも話を終わらせてみてはどうでしょうか。最強の前置きを後ろに置いて「**という、どうでもいい話でした**」と使うのもいいかもしれません。

ちなみに、国分太一さんは、ラジオ番組中に1人で盛り上がってしゃべり続けてしまった場合「**長々とつまらない話をしてしまいましたが**」「**って僕が話したかっただけです**」など、長く話したことを自覚して、そのワードでオチをつけて、スタジオの構成作家が笑って……ということをやります。これこそ空気を読んだ素晴らしいトーク術だと思います。

相手に気持ちよく話を切り上げてもらうために

2人きりであれば、たとえ面白くない話であっても、最後まで聞いたほうがいいこともあるかもしれません。しかし、会議など、他の人もいる中では、どうしても相手に話を終わらせてもらわなければならないこともあるでしょう。そんなとき、相手に嫌な思いをさせずに話を切り上げてもらうには、どうしたらいいでしょうか。

ラジオの現場では、パーソナリティさんが自分で気づかれるので、話を締めてもらうのはそんなに大変なことはないですが、ときには「次へ」のカンペを出します。話している人によりますが、イメージではだいたい、5〜6分くらい同じ話が続いたら、でしょうか。ジェスチャーで大きく丸を出す場合もあります。

盛り上がった話題は、生放送であれば、一度パーソナリティさんのトークを締めた後、リアクションメールなどでもう一度触れることもあります。リアクションメールとは、生放送の間に放送内容を受けてリスナーさんから送られてくるメールのことです。生放送中にメールを送ってくださるネタ職人さんはものすごくありがたいです。いつもありがとうございます。

日常生活では、相手に大きく丸のジェスチャーをしたとしても、きっと意味が伝わらないですよね。長々と話す人への対処は難しいですが、たとえば、**あえて相づちを過剰に増やして、自分の存在感を出す**、というのはいかがでしょうか。私もいるぞ！聞いているぞ！　そして、話したいぞ！　が多少伝わるかもしれません。あと、話が途中かもしれなくても、「**なるほどね**」と言えば、ほんのりとした話の締めを聞き手が勝手につくり出すことができます。やってみるのはいかがでしょうか。

ラジオの聴き方

先ほどリアクションメールの話をしましたが、そういえば、ラジオとｒａｄｉｋｏ（ラジオが聴けるサービス）、どちらでみなさんは番組を楽しんでいますか？　電波を受信して聴くガチのラジオと、ネットを経由して聴くｒａｄｉｋｏの違い、ヘビーユーザーさんはご存じだと思いますが、ネットを経由すると、本放送からタイムラグが生じます。その番組へのアクセスで発生する混み具合によるのだと思いますが、数分遅れる場合もあります。逆に、電波受信のガチラジオは、全国一斉に同じ放送が聴けるはずです。生放送のスタジオで話したことが一瞬でみなさまの元に届きます。

ですので、今の時代ならではの楽しみ方として、ツイッターなどのSNSを使ってリスナー同士での感想の共有ができますが、その違いで、ツイッターでの感想ツイートに時差が生まれてくることになります。radikoで楽しまれている方は、人のツイートで内容を先に知ってしまう場合もあると思うのでご注意ください。もし、生放送の番組にツッコミを入れたいなど、リアクションメールを送りたいなら、もしかしたらガチラジオで聴いたほうがいいかもしれません。少しでも早く受信してメッセージを送ったほうが、メールを読まれる確率が上がると思いますから。

僕の聴き方はガチラジオです。ソニー製、9800円のiPodドックつきラジオを10年くらい愛用しています。昔はラジカセ、コンポなどで聴いていました。自分の番組についてツイッターで感想やツッコミをツイートするときは、radiko派のことも考慮して、その話題の数分後にツイートするようにしています。

好きな話題・苦手な話題を探ろう

答えに困っている瞬間を見逃すな

相手の好みや苦手を知っておくのは、ラジオの世界じゃなくても無駄ではないと思います。

特に「**苦手なこと（嫌いな話題）**」には要注意です。これは会話の中での「地雷」と言い換えることもできるでしょう。相手に対してまったく無知で臨めば、うっかり地雷を踏んでしまうかもしれません。すると相手は心を閉ざし、本音を引き出すことができなくなります。

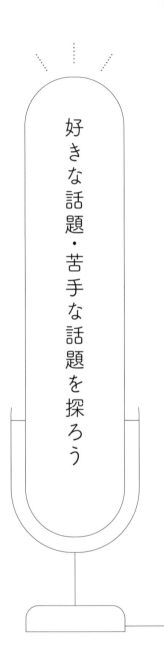

気持ちよく会話をするためには、うまく地雷を避けながら相手の懐までたどり着くことが大切です。そこで、地雷探知機があれば安全に進めるわけですが、「好み」「苦手」がまさにそれです。

どんなに小さなことでもかまいません。相手の性格や趣味趣向を覚えておいて損はないですから、できるだけ頭に入れておきましょう。

ここでは、そんな相手の好みや苦手の探り方を紹介します。

話をしている最中に、相手が答えに困っているなと感じる瞬間があります。具体的には、次のような変化が見受けられます。

- 一瞬の返事の遅れ
- 声のトーン
- 気持ちの入ってない返事

相手も大人ですから「この話題嫌です」というような直接的な拒絶はしません。でもまあ、たとえば、「なるほど」という返事をされたら、あまりいい感触ではないと思っています。自分の意図とは違うけど、そういう考えもあるか、的な意味合いが「なるほど」に込められている気がします。

それくらい、人の意見の否定って、しづらいものだと思うんですね。だからこそ、相手の空気を瞬時に読み取り、その話題は避けるようにしなければならないのです。

ちなみに、もし地雷的な話題を振ってしまった場合、僕なら、気づいたら**すぐに他のことを質問**します。「じゃあたとえば、○○は?」と、他の質問を重ねて上書きするイメージです。自然体を振る舞って話題をずらすようにしていますが、相手も絶対気づいていると思います。そこはお互い踏み込まないです。大人ですね。

性格や趣味趣向を知っていると提案がしやすい

僕は、この方法を使って、○○の話は苦手、○○の話は盛り上がる、そんな過去の経験から知った相手の趣味趣向を頭の中に積み重ね、次のラジオ収録に向けて、トークのテーマとなるメール選びをしています。そんなに頻繁にやらないですが、生放送中でその情報を忘れそうな場合は、台本の端っこにメモしておいて、後でノートに写すこともあります。

ラジオ番組で採用するメールは、基本的には構成作家が選んでいることが多いです。そして選ばれたメールは、ラジオ本番でパーソナリティが読み上げて話題を広げていく、という流れです。

このときパーソナリティは、事前にメール内容に目を通す人、通さない人に分かれます。これは、それぞれのトークのスタイルによるもので、目を通さない理由として、新鮮なリアクションをしたいから読まない人、収録時間がタイトなため時短のためにチョイスを構成作家にまかせてくれる人、そして単純に面倒だからという人もいます(これは僕の周りにはいません)。相手のタイプを見て、メール提案の仕方を変えています。

僕が担当している番組で多いのは、候補としてあらかじめ選んだものを事前にパーソナリティに見てもらい、番組で紹介したいメールを決めてもらうパターンです。こうすれば本人の好みも反映できますし、相手にも時間を取らせません。

そしてこのときに役立つのが、パーソナリティの性格や趣味趣向を知っておくことです。

リスナーさんから届いたメールの中から、「これはパーソナリティが食いつきそうだ」「これは興味示さないだろうな」という視点で、あらかじめ仕分けすることができます。

はじめから「好き」「嫌い」のフィルターを通しておくことで、その中からさらに「選ばれたメール」「選ばれなかったメール」がパーソナリティによって炙りだされます。するとそのパーソナリティの趣味趣向について、さらに精度の高い情報として蓄積することができるのです。

メールの選び方という少し専門的な話でしたが、この情報の蓄積の仕方は、仕事相手との関係でも、地雷や好みを探る際に応用できるのではないでしょうか。プライベートでも、友達や恋人と遊びに行く場所・お店を選ぶときなどに使えるかもしれませんね。

あえて下っ端に話しかけてみよう

ラジオ収録に関わるお仕事

みなさん、ラジオ収録の現場には、何人くらいの人がいると想像されますか？

たぶん最少人数は、ラジオでおしゃべりするパーソナリティとディレクターの2人です。ディレクターさんは、収録中は放送機材を動かして録音し、後で編集作業をします。ラジオの番組づくりに必ずいる存在です。マネージャーさんが来なくてパーソナリティさんだけでいらっしゃる場合もあり、そのときは、1対1で収録することもあります。これが最少人数です。いや……昔沖縄のラジオ局を見学したとき、放送機材の前にマイクがあり、自分で機材をいじりながらトークをして音楽をかけて……と、1人で生放送をしている方がいらっしゃいました。その気になれば、1人だけでもできるのかもしれません。ネットラジオなどだと、スマホ1台でできますもんね。すごい時代になったもんです。

そして、いてもいなくてもできるけどいたほうがいい（と思う）のが、僕のやっている構成作家です。台本作成・メール選びを中心に、現場ではパーソナリティの前に座り、おしゃべりの相手役も務めます。

そのほか、生放送ならパーソナリティの声と音楽をいい感じに調整してくれるミキサーさん、音関係の機材を扱うADさん、生放送に届くメールをリアルタイムで選んだりするサブ作家さん、番組のSNSをリアルタイムで更新する方、パーソナリティのマネージャーさん、レコード会社さん、番組を統括するプロデューサーなど、収録番組では平均5人くらい、生放送では平均10人くらいの人が現場にいます。テレビのエンドロールでテロップに名前が出るスタッフさんと比べて、とてもコンパクト、少人数でつくっているメディアです。

ラジオの現場に関わるお仕事紹介

- パーソナリティ：おしゃべり役
- パーソナリティのマネージャー：スケジュール管理などマネジメント全般
- プロデューサー：番組の統括役
- ディレクター：録音・編集
- 構成作家：台本作成、メール選び、パーソナリティのおしゃべりの相手役
- サブ作家：メールをリアルタイムで選ぶ、その他雑用も
- AD：音関係の機材を扱う
- ミキサー：声と音楽の調整役
- SNS担当：番組SNSの更新役
- レコード会社の人：プロモーション情報のまとめ役

気にしてもらえると、やっぱりうれしい

それくらいの人数の集まりで、おススメしたい行動があります。「**あえて一番立場が下と思われる方に話しかけること**」です。以前、作家の伊集院静さんをゲストに迎えたときの収録後、その日初めて見学に来たレベルの若手作家見習いの女の子に向けて「彼女、遠くから見ていたけど、楽しんでくれたのかな?」みたいな感じでみんなの前で声をかけていたんです。その女の子からは「ハイ!」みたいな、簡単な返事でしたが、もう目がキラキラしていて、ものすごく感激しているのがハッキリ分かりました。勝手な妄想ですが、伊集院静さんが学生時代の先輩ポジションだったら、彼女は恋をして卒業式で第二ボタンをもらいに行っていたと思います。きっと彼女はこのことを一生忘れないでしょう。それを近くで見ていて感動した僕も、もはや一生覚えていそうな勢いです。伊集院静さん、すごいです。

自分も構成作家になったばかりの駆け出しの頃、同じような経験をしています。僕

が生放送に届いたメールをチェックしていたときでした。その日ゲストでいらしていた福山雅治さんが、紹介用にキープしていたFAXをチラッと見て「これ面白いよね」と話しかけてくれたんです。これは今でも鮮明に覚えています。22年前の出来事です。そりゃモテるわ。何から何までカッコいい方です。こういうの、忘れないですよね。

パーソナリティさん、ゲストさんは、ラジオの現場において明らかな中心人物です。そんな方が下っ端の自分に話しかけてくれるなんて、と感激しちゃいますよね。感激している姿を見ると、周りの人たちもほっこりしますし。いわゆる人気者といわれる方々は、ちょっとしたコミュニケーションも欠かさないのです。

ラジオの現場くらいの10人程度の集まりは、大人数の会議のように進行形式が決まっているわけでもなく、2、3人の打ち合わせのように親密な話もできず、案外難しいものです。つい親しい人とだけ話し込んでしまったり、えらい人に忖度《そんたく》しすぎたりすることもあるかもしれません。誰に話しかけようか迷ったときには、みなさんも、立場が一番下だと思われる人に声をかけてみてはいかがでしょうか。

余談ですが、ラジオ番組の打ち上げ的な飲み会などがあると、僕は意識して全員に一度は話を振っています。コロナ禍になってからは、あまり無駄話をしないようにしていましたが、できるだけいろんな方に声をかけてコミュニケーションを取るように心がけています。せっかく参加したのに一言も話すことなく帰るのはかわいそうですし、若手のみなさんにも楽しんでいただきたいですから。飲み会も仕事現場も、何事も楽しい空間のほうがうまくいくと思っています。そして、話を振った僕の好感度も上がれば万々歳です(笑)。いつか、「あのとき話しかけてもらった○○です!」みたいな方がおえらいさんになって、僕にお仕事を振っていただけたら最高です。お仕事依頼はツイッターのＤＭでお待ちしております!

プレゼントの出し惜しみをしない

差し入れに思いを込める

楽しくラジオでおしゃべりしてもらうため、収録の際に食べ物を差し入れすることがあります。差し入れは全部自腹です。もしかしたら、みなさんの中には、人のためにお金を使いたくない、買いに行く時間がもったいないという方もいらっしゃるかもしれません。しかし僕は、少しでも番組づくりのクオリティを上げるため……と言ってしまったら身もふたもないですが、少しでも喜んでもらえるように、そして番組が面白くなるようにと思ってやっています。

これも、話さずに思いを込める、ひとつのコミュニケーションだと思います。ここでは、そんな差し入れ・プレゼントの選び方を3つ紹介します。

流行っているものを渡す

話題のお菓子など、特に収録の前にレアなものを見つけたときなど、買っていきたくなっちゃいますね。パーソナリティの中には、なかなか買い物に行けない方も多いので、なんでもないものでも喜んでくれます。「この塩パンが流行っているらしいよ」とか、「このどら焼き最高だったのでよかったら」なんて言いながら差し入れをしています。

僕の中でよく差し入れに使っていたのが、あるお店の塩パン。しかし、人気チャンネルに取り上げられてものすごく有名になってしまい、行列に並ばないと買えなくなってしまったのが悲しいです。もう1年以上経ちますが今も土日は行列です。僕は行列ができていない平日の昼すぎに買いに行っています。みなさんとも遭遇しているかもしれませんね。

相手に合わせたものを渡す

文化放送、オテンキのりの『レコメン！』に、千葉県の南部出身の方がゲストにいらっしゃったときのお話です。オテンキのりさんは千葉県鴨川市の出身で、そのゲストの方と地元がとても近く、会うと毎回地元トークをするようなご関係でした。お2人のラジオをもっと盛り上げたいと思った僕は、生放送の前に秋葉原にある千葉県のアンテナショップに行って、千葉県南部の名産品を買ってきました。その場で食べられるようなお菓子が中心でしたが、ゲストさんとの打ち合わせも、名産のお菓子をつまみながら、楽しくお送りできたのではないでしょうか。まあ、オテンキのりさんは初めて見るお菓子ばっかりだったらしく、「本当に地元のやつなんですか？」と聞いてきましたが（笑）。

さらに余談ですが、僕は『週刊少年ジャンプ』を少し早く発売するお店を見つけることができるという特殊能力を持っていまして、街を歩いていると、あのお店怪しいな〜と店構えから感じるんですね。ちなみに都内に10店舗くらい知っています。

毎週月曜発売の『ジャンプ』、知っている中で一番早く発売しているのは金曜日。『ジャンプ』を毎週読んでいる人にとっては金曜の『ジャンプ』は宝のような存在です。『ジャンプ』好きのパーソナリティさんには、金曜の午後や土曜に収録があると、いち早く手に入れた『ジャンプ』を、収録を回し始める直前に渡して、テンションを上げてもらっています。その話から最近の『ジャンプ』トークに華が咲き、収録がなかなか始められないということもあります(笑)。

さすが日本一の発行部数を誇るマンガ雑誌ということで、ジャンプを読んでいるパーソナリティさんは多く、放課後の小学生のように何人かで読んで「おい！　まだページめくるなよ！」みたいなやりとりをしているところも見かけたことがあります。ほっこりしますね。

前の章で「相手の好きなものを調べる」という話をしましたが、そこで分かった情報があれば、プレゼントをしてみるのもいいかもしれませんね。知っていてくれたんですか！　的な喜びが相手に生まれて、より深いコミュニケーションが取れるかもしれません。

みんなが渡すものの裏をかく

余談でプレゼント術をもうひとつ。ホワイトデーのお返し・誕生日など、みんなからプレゼントをもらうであろうシチュエーションのとき、僕は必ず変化球のプレゼントを渡します。ホワイトデーは、みんなお菓子をたくさんもらうだろうなと想像し、お菓子にせず、いつもフルーツジュースや紅茶などの飲み物系をプレゼントします。もしかしたら、ただ普通にお菓子をあげるよりも、印象に残るかもしれませんよ！

文化放送『レコメン！』で乃木坂46のメンバーとご一緒していたとき、僕は毎年ホワイトデーにはそんな感じのプレゼントをしていました。ちなみに、今年の3月のホワイトデーに田村真佑ちゃんにあげたのは、かわいい缶に入った海苔でした。喜んでくれましたかねえ？

費やした労力は、絶対に相手に伝わる

差し入れ・プレゼントを用意しているのに、なんかタイミングがなく、渡せなかったこともあります。これはその場の雰囲気です。取り巻きの方が多すぎるなど、あまりにも渡す空気じゃないとき、あるんですよ。そんなときは後でスタッフとおいしくいただくか、スタッフにも言わず、こっそり家に持ち帰って１人で食べます。なので僕は、基本的にいつも太っています。

プレゼントのためにかけた労力は、たとえ渡せなくとも、絶対に相手に伝わります。かかった以上の効果を出してくれると信じています。ですから、お金も時間ももったいないとは思いません。その代わり、僕が将来お金に困ったら、みなさん養ってください。

「読みやすい」「分かりやすい」の手間を惜しまない

目を引くメールを書くコツ

「どうやったらラジオ番組でメールを読んでもらえますか?」という質問を受けることがあります。

番組で紹介するメールを選ぶことが多いのは構成作家なので、僕に質問するのは間違ってないのですが、実はとてもたくさんの要素が混在していて、一言で答えるのは難しいなと思いながら、ときにはスルーして、ときにはほんのちょっとだけ答えています。

僕が一番伝えているのは、「**他の人が書かなそうなことを書くこと**」です。たとえば、パーソナリティさんがテレビ番組に出演しまして、その感想メールを送るとき。面白かったです。かっこよかったです。この内容は他にもたくさん届きます。そして、申し訳ないですが、これだけだとメールを読んだ後にトークがあまり広がらなそうです。こんなときに目を引く方法を、いくつか挙げてみます。

- 表現の仕方に一味違うアクセントをつける
- 細かいポイントを褒めてみる
- 最後に凝った質問をしてみる
- みんなが感想メールを送りそうなタイミングで、まったく違う内容のメールを送ってみる（たとえば、CDリリース、テレビ番組出演、ライブ開催などの大きなアクションがあった後に、それ以外の内容について書く）

これが生きるのは、ラジオ番組へのメールだけではないと思います。好きな人への連絡、仕事のメールなどで、「面白いな」「返事したいな」と思ってもらえる、ささやかながらも有効なコツだと思います。

読んで貰い易い文章を書く為に

内容以外では、できるだけ読みやすい文章を書いたほうが望ましいです。放送に臨む前に、構成作家がすべてのメールに目を通して内容重視で選びますが、さすがにこの読みづらい文章は見せられないなというレベルだと、採用には遠くなってしまいます。ということで、読みやすい文章にするためのポイントをいくつか紹介します。

1 読点を打つ

文章の中の「読点（、）」。ラジオ以外でもそう感じるのですが、若い方を中心に、みなさん、読点の数が減った気がします。昔ですと、いわゆる「ケータイ小説」が流行したときも、同様の傾向があるといわれていました。最近、ますますその傾向が強くなっているのではないかと感じています。読点は文章を読みやすくするために区切る部分で打つものなのですが、推測するに、みなさんスマホの画面でメールを書いていて、長い文章を客観的に目にしていないからだと思います。

ほとんどのラジオ番組では、いただいたメールをプリントして、パーソナリティに読んでもらいます。渡す前に構成作家がメールの文章を読み返し、読点を追加で打っているのですが、最近あまりに読点のない文章が多いので書いてみました。

読点を打つかどうかの判断基準は、その文章を**声に出して読んだ場合、一拍入れたいタイミング**です。メールを読まれるために、自分で書いたメールを口に出して読んでみるというアドバイスもあるのですが、その理由は読点の必要性に気づくためなんじゃないかと思います。読みやすい文章にするために、自分で読んでみるということですね。まずは意識して**多めに読点を打つ**ところから始めてみてはどうでしょうか。

2 漢字の量を減らす

そのほかにも、そこは普通漢字で書かないんじゃない？　という言葉が漢字になっているメールも多くなりました。たぶん、変換できる漢字はすべて変換するクセがあるのかな？　と勝手に推測しています。代表的なものは「貰う」「頂く」「嬉しい」「為」「出来る」などでしょうか。パッと見て、漢字が多すぎる文章って、読みづらいのではないかと思います。漢字が多いこの項の見出し「読んで貰い易い文章を書く為に」、読みにくくなかったですか(笑)？　普段本を読まないパーソナリティさんは、もっと苦手だと思います。漢字に変換するかどうかの判断基準は、自分が紙で文章を書くときに漢字で書くかどうかだと思っています。**自分が文字を手書きするときに漢字で書かないものは、ひらがな表記に**したほうがいいと思います。「貰う」って漢字、僕は人生で一度も漢字で書いたことがないです。書けるか不安です(笑)。

ちなみに、僕のこの本の文章は、普段ラジオの台本で書いているくらいの感覚で漢字変換をしています。他の方の本に比べて、若干漢字の頻度が少なくなっているんじゃないかと思います。でもそれくらいが読みやすいんですよ。

3 改行をする

そして、改行をまったくされない方も増えました！　まあ確かに、スマホの画面で書いていると、改行すべきかどうかが分かりづらいですからね。極端な話、**困ったら「句点(。)」ごとに改行**でもいいと思います。ぜひ参考にしてみてください。

これらのテクニックは、たぶん、ライブ配信などでのチャットでも、使えるんじゃないかと思います。自分が読めない漢字、読み方に確信が持てない漢字が含まれているチャットは、たぶんスルーされると思いますよ！　まあ、おひねりつきのスーパーチャットには秒で負けちゃうと思いますが(笑)。

ラジオ番組へのメールを例にいろいろと書いてきましたが、どんな状況であっても、読みやすい文章に越したことはありません。メール文化が普及した現代社会、手紙全盛の時代よりもむしろ文章をやり取りすることが増えたのではないでしょうか。読みやすい文章はスラスラ読めて時間短縮につながりますし、読みづらい文章を書いていたら、相手に悪い印象を与えてしまいます。自分だったらこの文章を受け取って読みやすいかどうか、読む相手のことも想像して、気持ちを文章にしたためましょう！

第5章

話術より「段取り術」で信頼を得る

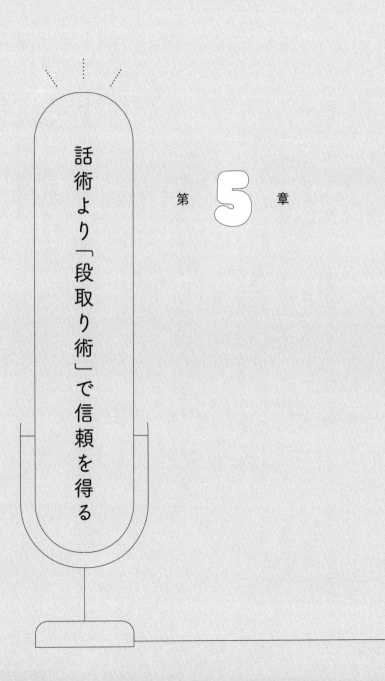

「長すぎない打ち合わせ」に必要な2つの視点

長すぎない時間で、最大限盛り上げる

ラジオは普通にしゃべってもらえたら大きなミスはありません。

普通とはつまり、その方の持っているトーク能力をイメージ通りに発揮する、ということ。例外は初回の放送です。なぜなら、その方にとって、初めての経験が多くて、能力を発揮できない場合があるからです。そこで、生放送のラジオパーソナリティ経験がない方なら、放送当日よりも前に、スタッフとの顔合わせという形で、生放送でのトーク・動きについてじっくりと説明をしていることが多いです。たとえば、生放

送で言ってしまいがちな放送禁止用語の確認や、キューシート（番組の構成をまとめた進行表）、台本の読み方、放送に向けてのトークネタの集め方など、時間をかけて打ち合わせをします。

放送前の打ち合わせは、プロデューサーさんがやる番組もあれば、ディレクターがやる番組もあって、さらに構成作家がやる場合もあります。僕が担当していた番組は、構成作家の僕がやることが多かったような気がします。

基本的に、ラジオに出演されるみなさんはお忙しい方ばかりです。限られたスケジュールの中で打ち合わせしないといけませんし、そもそも人の話を長く聞いているのが好きじゃない方もいると思います。

経験上、大御所の方は早く打ち合わせを終わらせたいと思っていることが多いので、「とにかく短めに」を心がけ、大切なことだけ、ポイントを最小限に絞ります。逆に、新人のタレントさんなど、ペン片手に話を聞いてくださる方には、相手のペースも見ながら進めます。何かメモされているときは次に進むのを待ちます。様々な番組でご一緒させていただいていた乃木坂46さんを代表に、若手女性アイドルのみなさんは、どなたもしっかり打ち合わせされる方が多い印象です。トップアイドルのみなさんはとても真面目です。

　レギュラー放送になると、打ち合わせも簡素化していきます。これも時間を有効に使うためです。しかし、その日初めてやる企画・普段と趣向が違うゲストの方をお迎えする場合などでは、念入りに打ち合わせをします。


　番組に来てくださるゲストさんとの台本打ち合わせのとき、僕があいさつをすると、それまで座っていたゲストさんも立ってくださることが多いです。恐れ多いので、早く座ってほしいといつも心の中で僕は思っています。作家は黒子、サポート役。主役ではないのであいさつは簡潔に。無駄なトークは極力省きます。とはいえ、明らかに「この人急いでいるな」と相手に気づかれるのはマイナスです。超高速で打ち合わせをすると、どうしてもやっつけ感が出ます。やっつけ感が出てしまうと、出演者さんにスタッフへの、そして、番組全体への不信感が出てくるのではないかと思います。そのため、長すぎない時間で、最大限盛り上げることを心がけています。

　となると、長すぎない打ち合わせとはどのくらい？　という話ですが、線引きは難しいです。早口はそこそこに、しゃべる言葉に気持ちを込めて、でも長くならないように、といったところでしょうか。

感覚で話をしてしまいましたが、ちょっと難しいですよね。ここでは、そんな、ちょうど「長すぎない」打ち合わせをするための2つの視点をお話しします。

1 どれくらいの時間をかけられるか→様々な要素から「空気」を読む
2 時間に合わせてどのように伝えるべきか→情報に優先順位をつける

①様々な要素から「空気」を読む

ゲストのみなさんはだいたい時間を有効活用されていて、空き時間にスマホを触っていると思ったらブログの文章を書いていたり、アンケートに答えていたり、スタッフさんと別件の打ち合わせをしていたりと、少しの合間でも無駄にせず、何かしらの作業をしている方が多いです。

超有名韓流ボーイズグループのメンバーをゲストにお招きしたとき、打ち合わせ時間の前に、テーブルで待っているみなさんにけっこう元気よくあいさつをしたら、「打ち合わせは○時からですので！」と、スタッフさんにものすごいストップをかけられたことを思い出しました。
　こんなことがないように、しばらく相手が何をしているか観察して、どれくらいの時間を使っていいか考えてから、声をかけるようになりました。ゲストさんのチームの雰囲気は壊さないように、とも心がけています。

　ちなみに、僕が打ち合わせをする予定のタレントさんが、スケジュールの都合で出演の直前に到着し、打ち合わせ時間が1分くらいしかないという出来事もありました。そのときは、遅刻されると分かった時点で、タレントさんに渡す台本に、赤ペンで間違えそうなポイントにチェックやコメントを入れるなどして、少しでも短い時間で理解してもらえるよう、準備しました。寝坊などでの遅刻はダメですが、スケジュールの都合でそういうこともあります。しょうがないです。僕は与えられた時間で、できるだけベストを目指すのみです。

　最近、打ち合わせ時間の伝達ミスで、僕が走って打ち合わせ場所に向かうという出来事もありました。あのときは焦りました。残されたわずかな時間で打ち合わせしないといけないですし、走って打ち合わせ場所まで向かったので息が切れてしまっていて、とにかくうまくしゃべれませんでした。僕はもちろん焦っていて必死の形相です。タレントさんのパワーでなんとか放送はつつがなく終了しましたが、相手に配慮する余裕を持てず、散々な打ち合わせになってしまいました。仕事場で全力疾走をしたのは、10年ぶりくらいだと思います。自分の体力低下にも注意です。

②情報に優先順位をつける

限られた時間の中で簡潔な説明をするためには、絶対に伝えなければいけない要素はどれかを明らかにしなければなりません。ラジオの場合、どういう番組なのか、ゲスト出演の流れ、企画の説明、お知らせごとなどです。僕はこれを、**どの順番で伝えたらより伝わりやすいか**、**どの情報は伝えなくても問題ないか**、事前に台本を何度も見返して、考えています。

忘れがちな部分で僕が必ず企画の打ち合わせで伝えているのが、ＳＥ（効果音）が出るタイミングでしょうか。ＳＥが流れることでしゃべり始めるタイミングをミスしがちなので、そこは必ず伝えるようにしています。SEは、分かりやすく説明すると「ジャジャジャン！」のような、盛り上げのために入れる音です。大々的な発表の前のドラムロールが分かりやすいでしょうか。ドラムロールがまだ鳴っているのに司会者が発表したら、気持ち悪いですよね？ ですが、たまに「自分のセリフを言わなきゃ」という気持ちが前に出すぎて、SEにかぶってセリフを言ってしまうミスがあります。

SEについて伝えるのを忘れて、パーソナリティがミスしてしまったら、僕が情報共有を忘れたのが問題なのに、聴いている人からするとパーソナリティが間違えたように感じてしまいます。このようなミスはパーソナリティとの関係性の悪化にもつながるため、避けたいです。みなさんも、「自分のせいじゃないのにな〜」と思いながら、ミスの謝罪をしたことはありませんか？ あれ、すごく嫌な気持ちになりますよね。相手との関係性を保つためにも、プラスアルファの情報の前に、**まずは失敗を防ぐための情報を完璧に伝える**ことが大事です。

あとは、メールを紹介したときのリアクションのパターン、受けトークの展開例を伝えることもあります。

ちなみに、文化放送『レコメン！』の台本はすべて構成作家である僕が書いていたので、ゲストさんの近況は台本作成の際に調べて、すべて頭に入っていました。打ち合わせでたまに「昨日競馬で大当たりしていましたね！」とか、「自分は大負けしちゃいましたけど！」とか話したくなるときもありますが、自分から話すことはほとんどありません。むしろ、その打ち合わせで得た情報をパーソナリティのオテンキのりさんに伝えて、本番でトークの材料にしてもらっていました。事前には伝えず、本番中にその話題に誘導できるように、カンペで質問を出すこともありました。

絶対に盛り上がる話題なのにまったく触れられないこともたくさんありましたが、そんなもんです。放送でのトークが一番面白くなるように、台本を書くのも事前の打ち合わせも、すべてそれまでの助走です。事前の準備や会議は、最終的な成果を出すための助走だと思います。目いっぱい助走をつけて、最高の結果を目指しましょう。

イチオシは最初に見せる!?

1枚目に熱意を込める

ラジオ番組の打ち合わせで、パーソナリティさんにメールを1枚だけ選んでもらう場合、僕は一番読んでほしいと思うメール、イチオシのメールを一番上に置いて渡します。

これは、**一番上が一番目に入りやすく、読むモチベーションが高い**と思われるからで、文字を多く読むのがあまり好きじゃない人もいるんじゃないかと勝手に推測しているからです。過去に担当したパーソナリティの中には、1枚読んで、そのメールに決定して、もうメールを読むのは終わり、という人も過去にいました。もちろん、全部に一応目を通してくださいとは言っていますが、それくらい文字が苦手という方もいらっしゃるんです。

あと、一番上に置くことで、番組に届いたすべてのメールを読んでいる自分が判断した、一番おススメのメールはこれですという意思表示もしています。「どれがいい？」と相談された場合は、迷いなく一番上に置いたメールを薦めています。

基本的には、パーソナリティに選んでもらいますが、構成作家としてどうしてもこのメールを番組で紹介したいというときもあります。これはリスナーのみなさん、そのパーソナリティのファンの方なら絶対に知りたいだろう、そして話したら本人も盛り上がるだろうと推測できるメールです。そんなメールがあるときは、パーソナリティに見せるときに、「これでいきたいです」と、なぜこのメールを紹介したいのかの理由とともに自分の熱意を伝えて、紹介してもらうこともありました。最終的には、パーソナリティ本人の気持ちを尊重しますが、これまで、僕がどうしても紹介してほしいメールがあるときは、毎回紹介してもらっていたと記憶しています。

相手によって順番を変えるテクニック

マジシャンのテクニックで、「マジシャンズセレクト」というものがあります。お客さんにカードなどを選んでもらう場合、選んでほしいものをマジシャン側のテクニックによって、相手が選んだように見せかけて、自然に選ばせるというものです。『古畑任三郎』を全話観ている方ならご存じでしょうか。僕はＤＶＤ－ＢＯＸを全巻持っています。

まあ、そこまで仰々しいものではないですが、読んでほしいメールがある場合、ストレートに行動すれば一番上に置くのですが、一番上のメールを選ぶのが好きじゃないパーソナリティさんもいらっしゃいます。構成作家の言いなりにはならないぜ的な感じでしょうか。そんなときには、あえて選びたくなるような順番でイチオシのメールをさりげなく忍ばせます。この場合は逆に一番上には置きません。極端な話ですが、他の候補のメールを少しトリッキーな内容にして、イチオシのメールに目がいくように仕向けるというやり方もあります。これぞ「構成作家ズセレクト」(ドヤ)。百発百中ではないですが、そんなことをやってみたこともありました。普通に選ばれないことも多々あります。

選んだ理由は本人に聞く場合もありますが、選ばなかった理由はあえて聞きません。だいたいネガティブな話になるので、聞かれたくないだろうからです。あまりこういう系好きじゃないんだな、と記憶して、次の機会の参考にしています。

とてもラジオに寄った内容になりましたが、イチオシの何かがあって相手に選んでもらいたい場合、プレゼンでの出し方はひとつじゃないということです。人は迷うものですから、僕がやっているように自分なりの意見を提示するのもアリなのではないでしょうか。相手の好み、相手の性格、相手との関係性など、少しでも自分の想像通りに話を進められるよう、事前によく考えて準備してみてください。

盛り上げポイントは後半に

ネタの順番にこだわる

「盛り上げポイント」は、後半に持ってくるのがおススメです。ラジオのトークでいうなら、オチというやつです。

後半が盛り上がっているほうが、何事も面白く聞こえます。飲み会などでも、最後が楽しければ楽しい印象のまま終われますよね？　「終わり良ければすべて良し」ということわざはよくできていると思います。言うなれば、**「楽しい」を最後に上書きして終わる**感じですかね？

ハッキリと意識しているのは、ネタコーナーでメールを読む順番です。何枚かネタを読む番組では、内容によって、どうしても盛り上がりに差が出てきます。複数枚のネタメールを紹介する場合、1枚目に一番面白いものを読んでしまうと、その後が尻すぼみになってしまう可能性があります。このコーナーは何分やる予定だから、パーソナリティさんのトークも考慮して、だいたい紹介できるのは何枚、そうなると、全体が一番楽しく感じるネタメールの順番は……と、ひとつのコーナーごとに直前で想定しています。

ネタ色が強い番組では、だいたい、最初はコーナーの趣旨にのっとった、ベタで分かりやすいものから入ることを心がけています。初めてメールを読まれる方はコーナーの最初に配置することが多いです。コーナー後半にいくほど、常連さんの変化球ネタが多くなってくるので、そこに巻き込まれる前に紹介しています。そして、だんだんと笑いの量が増えていくように紹介する順番を決め、最後から2番目くらいに一番面白いメールがくれば理想かなと思っています。準備したメールの全部を紹介しきれない可能性を踏まえて、最後から2番目くらいに置いていても、そこまで到達しないこともあります。一番面白いメールに到達しなかったときは、一番申し訳なく思います。だいたい、メールを受けてのトークが盛り上がった結果なのでしょうがないのですが、そんなときは次の収録までネタメールをキープして、必ず番組内で紹介するようにしています。

とはいえ、「悪い話の伝え方」の項目でお話しした通り、パーソナリティさんと作家である僕の好みが一致しない場合もいっぱいありますし、自分の並べた順番が100％うまくいくことはそうそうないです！　うまくいったらおいしいお酒が飲めます！

みなさんも、「友達に会ったら話したいネタ」をいくつか考えながら集合場所へ向かうことがあるかと思います。友達や家族となら、好きなことを好きな順番で話しても楽しめると思いますが、より盛り上がりにこだわりたい方は、この方法で時間配分を考えてみるのがおススメですよ。

自分とその場のベストタイミングを計る

盛り上げポイントという言葉から離れているかもしれませんが、企画会議などでとっておきのいいアイデアがあるときのお話です。まだ場が温まってないときにとっておきの企画を出しても、場の空気が重いがゆえにプレゼンが盛り上がらず、企画が通らない可能性もあります。

僕の場合、ひとつ企画を決めないといけない会議に3つ企画案を出すとき、最後の3つ目に本命の企画を書きます。最初の2つの反応がイマイチだったとき、「最後が本命です」と言って、実際に3つの中でイチオシの企画を出します。相対効果なのか、なんか良さそうに感じてくるんです。

必ずしもベストのやり方だとは思わないので、そんなやり方もあるんだな～程度にとらえてくださいね！　とはいえ、最後に残しておいて、先に他の人に同じ企画を出されても困ります。結局のところ、ベストのタイミングは自分で計るしかないのです。会議の流れを読む力、大切です。

終わり方を決めておこう

ラジオのトークは時間との勝負!?

ラジオ番組には、番組によって時間の制約が存在します。

生放送なら決められた時間までに必ずトークを終える必要があります。収録番組の場合、編集ができるのでそこまで時間の制約はありませんが、放送時間は決まっているので、そこそこの尺で切り上げます。ほとんどの収録番組は、パーソナリティさんにある程度好きにしゃべってもらって編集でいい感じにしてもらうスタイルだと思われますが、余分に話したところはカットするという形になり、もったいないのでそこまで長々と収録はしません。だいたい、30分番組の場合、1時間くらいで行います。生放送の場合、常に残り時間を頭に入れながら動いています。手元には何パターンかメールを準備していて、あと何分ならこのメール、何十秒ならこのメールという風に、流れや時間でパーソナリティさんに差し込む形をとっていました。

定番のフレーズを使って締めるのもおススメ

きれいにトークを終わらせたいとき、最後に言うフレーズは重要です。僕は番組を構成するにあたって、オチよりも終わらせ方を気にしていると思います。たとえば、「**また動きあったら伝えます**」「**また何かあったら報告します**」は、話の締めにいいセリフですよね。

そのほか、話した内容に出てきた人に感謝の意を示すのもきれいな終わり方だと思います。テレビ番組への出演やライブの感想などを話した後なら、「**楽しんでくださったみなさん、ありがとうございました**」で締めたらきれいな流れです。

何か疑問が残っているなら「**知っている人教えてください**」「**知っている方メールく**

ださい」で話を終わらせるのもアリだと思います。まあ、このフレーズを使うと、また後日、届いたメールを受けて、その話をすることがマストになるので、時と場合によるかもしれませんが。

話の着地点に困っている方がいたら、僕がカンペで終わりのフレーズだけ書いて出すこともあります。最後がきれいにまとまっていると、いいフリートークが聴けた雰囲気が自然と出るんですよ。みなさんも雑談をするときには参考にしてみてください（「みなさんもやってみてください」というのも、締めにいいセリフです）！　ラジオのように、第三者に向けた言葉で終わるというのは、あまりないかもしれませんが……。打ち合わせや会議の締め方などでピッタリきたら使ってみるのはいかがでしょうか？

日常生活で、話の終わらせ方を意識することはあまりないかもしれません。たとえば、ＬＩＮＥ相手が自分に好意を持っていて、やりとりを永遠に終わらせてくれない場合でしょうか。「**ありがとう！　またね！**」「**また何かあったらこちらから報告するね！**」「**楽しそうでなによりですね！**」とかのフレーズはいかがでしょうか？　この場合、相手は少しでも長く会話を続けたいわけですから、「自分は会話を終わらせたいんですよ！」という気持ちを示さないといけない気がします。まあ、強制的にスタンプを送って終了でいいと思いますが(笑)。
もしモテてモテてしょうがなくって、しつこいＬＩＮＥ相手が多くて困っていると
いう方がいらっしゃったら、使ってみてください！ 僕は使う機会ありませんけど。

時間帯選びでテンションや印象が変わる

朝と夜のテンションの違い

ラジオの収録は、朝一の早い時間もあれば、遅い時間もあります。基本的には、すでにその時間に仕事が入っていてスタッフが集まらない場合、スタジオがすべて埋まっていて物理的に収録できない場合を除いて、タレントさん側が希望されたスケジュールで収録を行います。ディレクターがいれば、構成作家がいなくても収録を行っています。

実はラジオの収録は午前中、かなり早い時間からやっていることも多いです。朝が多いのは、スケジュールが読めるからではないかと思います。テレビ番組の収録や音楽関係のお仕事は長時間ゆえに時間が前後しがちなんです。

朝に収録する場合、パーソナリティのみなさんはほぼテンションが低いので、盛り上げるために、収録前には**積極的にこちらから会話を仕掛けて**います。パーソナリティさんがスタジオに到着する前に、スタッフの間でもテンションを上げるために、積極的に会話を交わせたらなおいいと思います。実際、構成作家の僕も朝一だとどうしてもテンションが低くなりますが、スタッフ同士で無駄な話をして、気分を上げるように努めています。作家の笑い声が全然出てないのも問題だと思いますから！

夜に収録する場合、パーソナリティさんは一日他の仕事をしてきた後なので疲れていることが多いです。しかし、その日の仕事の話ができたりとか、その日の愚痴を話題にしたりすることができるので、タイムリーな話題を提供できて、夜の収録のほうがありがたいと個人的には思っています。僕も「**これの前はなんだったの？**」という質問を打ち合わせのときによくしているんじゃないでしょうか。一日の最後にしゃべりたいことをしゃべって仕事の締めにする。パーソナリティさんも夜の収録を好んでいる気がします。

とあるグループがまだ駆け出しの頃、一度、夜の収録のほうがいいのではと要望を出したことがありました。その結果、深夜1時近くに収録をしてみたのですが、みなさん疲れすぎていて口が回らず、深夜の変なテンションでお送りして、あまりいい収録にならなかった記憶があります。その週（正確には2週録りの番組なので2週）だけ、違和感を持った方もいらっしゃるかもしれません。朝早い時間の収録でも、それは運営さんが、そこのスケジュールがベストだと思ったから。そこからは下手に要望を出すよりも、自分にできる限りのことをしようという考えになりました。

時間帯選びで印象アップ

みなさんも、人と会う時間や会議の時間を決める場合は、目的に対してベストな結果を出せる時間を選択しましょう。

人と会うのなら、**自分と相手の双方が気持ちよく話せる時間帯**に。午前から動ける方もいれば、午後からじゃないと気持ちよく体が動かない人もいます。カフェでお話しするなら、お店が混んでいる時間帯じゃないほうがいいですよね。お相手と相談して集合時間を決めてくださいね。

会議や打ち合わせなどの場合なら、朝一の時間帯は、相手の様子も見て設定しましょう。仕事関係の方に向けて「朝早いのでもうちょっと遅い時間にしてもらえませんか?」って、言えないですよね? 個人的には、希望されなかったとしても、**ゆっくりめの時間帯**がいいんじゃないかと思います。

そして、**少し余裕を持った時間を設定**することを心がけてください。誰かがギリギリのタイミングで駆けこんできたりすると、ベストパフォーマンスが発揮できないと思います。余裕を持った時間設定がいいのではないかと思います。

完全なる余談ですが、僕は収録などが入ってない限り、毎朝9時55分起床でアラームをセットしています。年に一度会っている保険の方は、朝9時に電話をくれます。毎年、朝早いなあと思いながら電話で起こされていますが、「もう少し遅い時間にしてください」とは言いづらいので、何年もそのままです。

時間帯によるメリットなどほんのわずかかもしれませんが、そのわずかで自分の印象を上げられるかもしれませんので、頭の片隅に置いておいてください。

感想と質問で間を埋めよう

お別れまでの微妙な間、どう埋める？

生放送のラジオには、「この時間までしゃべることができますよ」という、アナウンスのお尻、略して「アナ尻」というものが存在します。番組のエンディングや時報前のところに「アナ尻　58分55秒」「アナ尻　53分10秒」みたいな感じで台本にも書き入れています。

だいたい、ラジオのエンディングコーナーにはBGMが流れているので少し早く終わってもいいのですが、貴重な放送時間ですし、ギリギリまでしゃべるのが普通です。

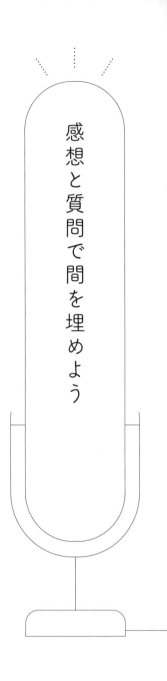

しかし、明らかにまだ1〜2分あるのに、パーソナリティが時間を余らせてしまうことがあります。僕は時間が余ることも普段から展開のひとつとして考えていて、早めに対策をしています。僕が思う対処法は、大きく3つです。

1 感想を伝える
2 感想を尋ねる
3 質問をする

①感想を伝える

もし、残った時間で紹介するのにちょうどいいリアクションメールがあればそれをパーソナリティに渡して読んでもらえれば解決です。リアクションメールを読むことで、「面白かったです」といった感想や、「○○の会話が良かった」といった印象的なシーンの振り返りができます。トークの最後に放送回のまとめができ、また、ありがたいことに放送を褒めてもらえた場合には、パーソナリティもリスナーさんもいい気分で生放送を終えることができます。

「リアクションメール」はラジオの文化ですが、みなさんも日常生活でこのまとめテクニックを活用する機会はあるのではないでしょうか。たとえば何かの会の帰り際、そんなに仲良くない人と電車の方向が一緒で話さないといけないときには、「**さっきは〇〇で盛り上がりましたね**」と、会の感想を伝えたら、場を持たせることができそうです。

②感想を尋ねる

しかし、そんな都合のいいメールがない場合は、その日に盛り上がった話題を振り返ってもらいます。出すのは「今日は〇〇の話題で盛り上がりましたが……」みたいな書き方のカンペです。パーソナリティがその盛り上がりにどう思ったかは、僕では分からないので、そこから先のトークはおまかせします、という感じです。ひとつきっかけを提供するくらいですね。

みなさんも、たとえば先ほどの例と同じ状況になったとき、会もつまらなくて特に言うことがなければ「**今日はどうでした？　盛り上がりました？**」と相手におまかせしてしまえばいいのです。

③質問をする

もうひとつやっている代表的な対策は、カンペに質問を書いて、そのときにしているトークを少しでも長く展開できるように仕向けることです。第2章でお話しした通り、トークの膨らませ方の基本は質問です。質問することでトークがさらにひと転がりして、ほんのちょっと話を延ばすことができます。

みなさんも、時間が余る直前に相手がしていた話題を思い出して、「そういえば～」と、それについて深掘りをしてみてはどうでしょうか？

感想と質問の合わせ技も有効

リアクションメールを渡す、カンペを書く、ラジオでの2つのトークの延ばし方を紹介しましたが、この両方を一気に行うのも、スマートな対処法です。それは、メールでリスナーさんからのリアクションを入れて、そのメールの下の余白部分に、トークを展開できるような質問を書きこむというやり方です。

リスナーさんのメールからいい感じにトークが広がればいいですが、そんな都合のいいメールがあるかどうかはその場面になってみないと分かりません。僕の場合、たとえば「〇〇のトーク、面白かったです」という趣旨のリアクションメールなら、その下に「コーナーにします？」と書いて、これから先の放送で正式な企画コーナーに展開することを伺ってみるとか。トークの少し先を読んで、早め早めに自分ができることを考えるクセがつきました。

国分太一さんのラジオでは、「最近（暖かくor寒く）なってきましたね」と、明らかに時間が余っているとき限定で披露する、定番のつなぎトークがあります。20年近くにわたって続けているので、もはやリスナーさんも「出ました!」といったお約束の空気になっています。まったく内容のないトークですが、パーソナリティさんもリスナーさんも楽しんでやっているので、今後も続けていきたい名人芸です。

これだと決めたら最初から飛ばす

初対面で怒り散らす

最初から飛ばす。初対面の人との接し方としては、特殊な例です。

前にお伝えした通り、基本的には空気を読み、様子を見ながらその方に合った丁寧な接し方を選択すべきだと思っています。しかし、自分の置かれているポジション、期待されている役割によっては、最初からガッツリ攻めていくという人間関係のつくり方もあります。

2012年に文化放送でスタートしたラジオ番組、オテンキのりの『レコメン！』。この番組がスタートする数カ月前、自分が夜ワイドのパーソナリティに内定しているということをまだ知らされてないオテンキのりさんと、初めて会ったときの話です。構成作家として1曜日を担当することが決まっていた僕は、まずはどんな人なのか、見学するくらいのつもりで、のりさんが当時練習の意味でやっていた、ポッドキャスト番組の収録に足を運びました。しかし、まだパーソナリティとしての自覚がなく、自分の周りで起きた、話したい話（ほぼ下ネタ）をただただ話すのりさん。そりゃそうです、まだ本人は伝えられてないのですから。

そこで、僕は終わった後に感想を求められたとき、めちゃくちゃ怒りました。正確には、怒ったフリをしていました。選ばれていたスタッフの中でほぼ最年長だった自分が、「ちゃんとやらないと怒る人もいる」ということを伝えないといけないと思ったのです。もしかしたら、プロデューサーからスタッフ間で「最初は自由にやらせよう」と話していたかもしれません。でも、このときは**最初が肝心**だと思いました。怖い人もいることを認識させて、しっかりやらないといけない場所なんだ、と思ってほしかったんです。最低でも1年間はおつきあいすることになると思っていましたから、後からアメはいくらでも与えることができますので。最初は怖い存在だったでしょうね。最終出演日のときにも本人から「最初は怖かった」と言われました。番組が始まってからは、頻繁に深夜の焼肉食べ放題・飲み放題をおごったりして、ムチとアメを使い分けた結果、今では仲良しです。

長寿番組に導いた2つのアドバイス

その後、オテンキのりさんには大なり小なりいろんなアドバイスをしていったのですが、フリートークに関して伝えたことは大きく2つです。せっかくなので、この機会に、みなさんにもこのアドバイスをお伝えしてみます。

1 なんでもない話で話せるようにする

「今日こんなことがあった」が、ラジオパーソナリティのフリートークの基本だと思います。そんなに毎日話すようなことがあるわけじゃないですから、大した話がない日もあります。その大したことのない話で、10分話せるようにという話をしました。『レコメン！』のオープニングでのフリートークの想定時間が10分だったからです。たとえばゴミを出しに行ったときに気づいたこととか、ワイドショーを見ていて思ったこととか、入り口はなんでもいいのです。

2 人の話に耳をすませてみる

基本的にのりさんは、常に自分の経験した話ばかりをしているなという印象だったので、周りにアンテナを張って、トークの材料を見つけてみるのはどうかという話をしました。のりさんがどれくらい参考にしていたかは分かりませんが、イケメンや世の中のカップルへの文句を11年間言い続けた背景には、もしかしたらこのアドバイスが生きていたのかもしれません。結婚して子どもができたと発表した後も、変わらずイケメン・カップルへの文句は続きました。自分のことをさておいて幸せな人の文句を言う、これはもはや、すごい能力だと感じました。そのトークに共感し、たくさんの「五軍の控え」と呼ばれるモテない男子リスナーが誕生したのはうれしい限りです。

11年間も番組が続いたのは、お聴きくださったみなさんのおかげです。あらためてありがとうございました。

場合によっては、最初の出会いから飛ばしていくことも大事、そんな『レコメン！』の思い出です。

第6章

気持ちが楽になる「考え方」

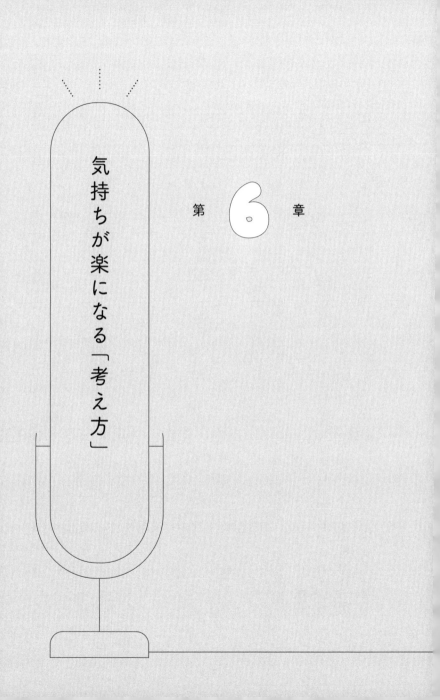

事前準備で「しゃべり疲れ」を予防しよう

リハーサルをしてみよう

しゃべることには、意外と**体力**が必要です。

普段あまりしゃべらない人でも、ときにはたくさんしゃべらないといけない場面があると思います。仕事でのプレゼンであったり、スピーチであったり……。やり慣れてないことなので、たくさん話し続けていると疲れてきます。単純に口も疲れますし、カンペなどなしでしゃべるのなら、頭も疲れます。立ったまましゃべると体全体も疲れますし、なにより緊張する場面がほとんどだと思うので、精神的に疲れます。特殊な状況なのに、マイナスな要素ばかりですね。

こんな場合、理想としては、事前に同じ状況で**リハーサル**みたいなことをやるといいです。本番で立ちながらの予定でしたら、実際に立ってしゃべってみましょう。練習することで、自分はこれだけ練習したんだからという自信につながります。

頭を使ってしゃべるのが疲れる場合

「持ち時間5分です」と言われたのに、すぐに話が終わってしまいそうな場合。ラジオ番組だと、構成作家がカンペで質問を出して、無理やりにでも話を引き延ばさせることができるのですが、みなさんはそうもいきません。当日その場で頭を使って考えるのは大変です。アドリブでたくさん話せないなら、**事前に準備**をしておけばいいのです。自分でカンペをつくるのもいいですし、ネットで検索してフリー素材の話を拝借してもいいと思います。周りの経験者に相談するのもいいと思います。苦手なら入念な準備、これに尽きます。

体力的にしゃべるのが疲れる場合

そして、体力的にしゃべり疲れてしまう場合。これには、**必要以上に声を出さない**ことです。最近のマイクは高性能で、小さな声でも拾ってくれます。自分が小さな声だと自覚があるのなら、マイクに近づけばいいのです。声が小さすぎても聞きづらいですし、大きすぎても聞きづらいので、話を始めるときに、自分の声がいい感じのボリュームで聞こえているのか、周りの反応を確かめてもいいですよね。活舌がいいと小さな声でも聞こえやすくなりますから、より省エネでトークできるように、口の準備体操をして事前に口が動くようにしてもいいかもですね！

たくさんしゃべるのが疲れる場合

とまあ、ここまではプレゼン・スピーチ想定の話でしたが、お友達とのグループなどでたくさんしゃべることに慣れてない人の場合です。もしこれで悩んでいるのなら、「なぜたくさんしゃべらないといけないんですか？」という質問をしたいです。友達との間なら、人にはそれぞれキャラクターがあって、いろんな人がいるから楽しいんです。しゃべらないのも個性です。言葉数が少なくとも、疑問に感じる必要はありません。トータルで楽しい時間が過ごせたらいいんですよ。

それでもたくさん話す人になりたいという方。もしかして、好きな人が「たくさんしゃべる人がタイプ！」と言っていたのでしょうか。それを目指すのもまた人生ですね。そんな方にアドバイスするなら、まずはたくさん話すことを許してくれる方を相手に、心を開いて、なんでもいいので話してみましょう。実はこの「心を開く」ということが難しいのです。家族だからこそ言いたくないこともあるでしょうし、お友達がリアクションよく話を聞いてくれたらベストかもしれませんね。要は、話すことの楽しさに気づけばいいのです。そうすれば、もっと自分から話したいと思うようになるでしょう。アプリを使って簡単にネットでラジオ配信ができるなど、すごい時代になったものです。僕は別にみなさんそのままでいいと思いますが、変わりたいと思っているなら、いろんな練習場所があります。ご検討よろしくお願いします。

人の意見は偏っているということを認識しよう

一カ所の意見を総意ととらえてはいけない

「Ｙａｈｏｏ！」のトップニュースをよく読むという話を少し前にしましたが、それに付随する「Ｙａｈｏｏ！ニュース」のコメント機能、通称「ヤフコメ」も、気になるニュースの場合、僕は必ずチェックしています。

これは、気になるニュースに関して、いろんな方向性の意見を知りたいからです。

もしかしたら、自分の気づかなかった視点に気づくかもしれません。たくさんの方の意見を目にすることで、**ニュースのとらえ方の選択肢を増やす**感じでしょうか。たとえば「○○値上げ！」というニュースで、世の中のみなさんは値上げを嘆いているだろうなと思っていたら、実は今までが安かっただけで「値上げが遅すぎます！　もっと適正価格にして生産者に還元を！」みたいな声があるとか。なるほど、その考えもあるのかと勉強になります。

そもそも、ヤフコメの意見は偏ることが多いのではないかと、これまでにたくさんのコメントを見てきた傾向から感じています。ですので、あくまでヤフコメ民の意見としてとらえて、ひとつの方向性だと認識します。一カ所の意見だけを見て、総意だととらえてはいけませんから。同じく、ツイッターでの意見も偏りがちだと思っているので、すべて参考程度に考えます。

番組の感想ツイートは番組を熱心に聴いてくださっている方のご意見です。いつもありがとうございます。感謝しております。番組のメールアドレス宛にも、番組の感想メールをいただきます。おおむね好評です。ありがとうございます。

しかし、以前から、先輩ラジオマンの方に言われているのは「番組にメールを送るのは全リスナーの3％」という話です（都市伝説レベルの話ですが）。番組にメールを送ってくださるのは、特に熱心なリスナーさんだと思います。ですので、こちらもあくまで参考程度にとらえ、特に熱心な3％の方の意見だということを忘れてはいけないと思っています。いわゆる、声を出さない「サイレントリスナー」が97％もいると考えないといけないんです。大変ですね。

中心を知ることで議論が進む

まれに、番組へのご意見の中で「周りのみんながそう言っています」のような文面を見かけますが、それはその方の周りのコミュニティのご意見なんですよね。声を出さない方のニーズもちゃんと想像して、番組づくりを心がけるのが、我々ラジオスタッフには必要なことだと思っています。

積極的に意見を言うのも、何も言わずに楽しむのも、人それぞれです。自分のやりたいスタンスで楽しんでいただけたらと思います。君は君らしく生きていく自由があるんだ、これは「サイレントマジョリティー」です。

いろんな意見をチェックして、構成作家である自分に必要なのは、**中心を知ること**です。多数決ではありませんが、どの話題にも、いい意見・悪い意見の多い・少ないがあるはずです。現状、世の中がそのニュースに対してどんな思いを持っているのか、最終的には自己判断になりますが、多数派の意見はこちらで、少数派にはこんな意見があるなど、分析をしています。番組でその話題を話すときに、パーソナリティの意見と違った方向性の意見を考え方のひとつとして提示できたら、それで僕の役目を果たすことができたような気がします。旬のニュースに関する世論は日々変わってきますから、絶対に番組で取り上げるような話題は毎日チェックしないといけません。大変ですが、構成作家とはそんなお仕事なんです。

みなさんも、たとえば会議などで、強く意見を言う人に引っ張られて、全体の方針が決まってしまうことがあると思います。しかし、それが本当に正解なのか、ニュースを読んでいろんな考え方の視点を養って、一歩立ち止まって考えてみるのはいかがでしょうか。「こんな考え方もありますよね」と、違った視点からの意見を出せたら、また議論は進んでいきそうです。強く意見を言う人の意見が明らかに間違っている場合も往々にしてあります。柔軟な思考で対応できたらいいですよね。

たまにはネガティブ思考をしてみよう

ネガティブは成功のもと

僕はものすごくネガティブな人間です。

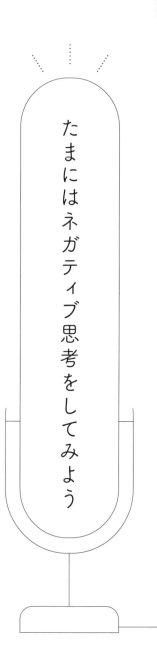

いきなり何の告白だって話ですが、一瞬で「そのとき起きたら一番嫌なこと」を想像してしまうような性格です。

たとえば、エスカレーターに乗ったら「前の人が転がり落ちてくるかも?」、橋を渡ったら「地震が起きて落ちるかも?」「端っこを歩いたら突風が吹いて川に落ちるかも？」、久しぶりに連絡をくれた方がいたら「お金貸して！　とか、絵を買いませんか？　とか言われるのかも？」、いつも仕事をしている知り合いから電話がかかってきたら「クビを宣告されるかも？」とか考えてしまいます。誇張じゃなくけっこうそんな感じです。

しかし、このネガティブ気質、ラジオスタッフとしては必要な感覚なのではないかと思っています。なぜなら、僕は長い構成作家人生で、**ネガティブなことを考える中で生まれた発想や対処法が、自分を成長させてくれた**と思っているからです。一度経験したことは、次の機会でよりスムーズに対応できるはずです。経験の積み重ねは財産ですね。普段の生活ではネガティブに考えないほうが楽しく生きられると思いますが、仕事では、「きっとなんとかなる」というようなポジティブな思考だけでは、万が一トラブルが起こったときにすぐ対処できるか不安です。だからこそ、**物事の少し先を「悪いほうに」読む**ことが大事だと思うのです。

たとえば、ラジオの収録中も、「パーソナリティさんが全然おしゃべりする気分じゃなくて盛り上がらないかも？」とか、「メールから放送に乗せられないような変な話に派生してしまうかも？」とか、「突然パーソナリティの知り合いが乱入してきて準備してきた内容が全部お蔵入りになってしまうかも？」など、可能性が少ないことも含めて、頭の片隅でいろんなことを想像し、それに対して対処法を想定するようにしています。たとえば、突然パーソナリティの知り合いが乱入してきたらすぐに席をつくってラジオに参加できるようにしてあげるとか、パーソナリティに質問を用意してあげるとか、だから、想像の中ではいつ乱入していただいても大丈夫です。

働くすべての人にとっても、こうやって想像を働かせることによって、もし何かあったとき、とっさに対応できるようになるのではないでしょうか。

過去に、いつも入り時間よりも少し早く入るパーソナリティさんが入り時間になっても来なかったことがありました。なんか変だなと違和感を持ち、これは何か大きなことが起きているのではとマイナス思考を発揮させ、打ち合わせで読んでもらう予定のメールの量を減らす作業を始めました。その後連絡があり、結局、そのときのパーソナリティさんの入り時間は30分遅れ。大幅な遅れとなりましたが、打ち合わせ時間をタイトにしたことで、問題なく収録を終えることができました。

みなさんも、想像によって自分がパニックになったりしなければ、できるだけたくさん想像しておいていいと思います。

未来が好転するネガティブ・トレーニング

とはいっても、みなさんがすぐに「ネガティブに考える」を実践するのは難しいかもしれません。ここでは、僕がどんなふうにネガティブに考えているか、もう少し詳しく説明します。

先ほども書きましたが、考え方の基本は「**嫌なことが起きるかもしれない**」という、「**かもしれない思考**」です。想像力をめぐらせて、そのときにこんなことが起こったら嫌だな、を脳内でシミュレーションしましょう。過去に経験済みのことなら想像しやすいですし、職場なら事前に過去に起きたアクシデントについて先輩に質問するのもいいかもしれません。いざ何かあったとき、想定内の出来事かどうかで、自分の動きは変わるはずですから。

僕が具体的にラジオの現場でやっていることだと、たとえば先にマネージャーさんやレコード会社の方などのスタッフさんが来た場合は、前後の仕事が大変な仕事かどうか聞いて、タレントさんの状況を想像しています。レコーディング後なら喉が開いているので元気ですし、後ろにレコーディングを控えている方なら、ちょっと声のボリュームを抑え気味にすることもありますから。

また、その収録と同じ時間、もしくは前後の時間に、他のスタジオでゆかりのある人が収録していないかもチェックしています。先輩だったらごあいさつに行ったりしますし、「ちょっと出演してってよ」って話になれば、面白い展開になりそうですよね。

時間があれば、台本や紹介する予定のメールを何度も読み返して、文字の表記ミスのチェックをしたり、ふりがなを振ったり、さらに、メールからのトークの展開を想定し、調べておいたほうがいいことをスマホで検索して調べたりします。この検索からの情報は、実際放送の中で役に立たないこともたくさんありますが、知識になるので無駄ではないと思っています。

最強の前置き「どーでもいい話なんですが……」

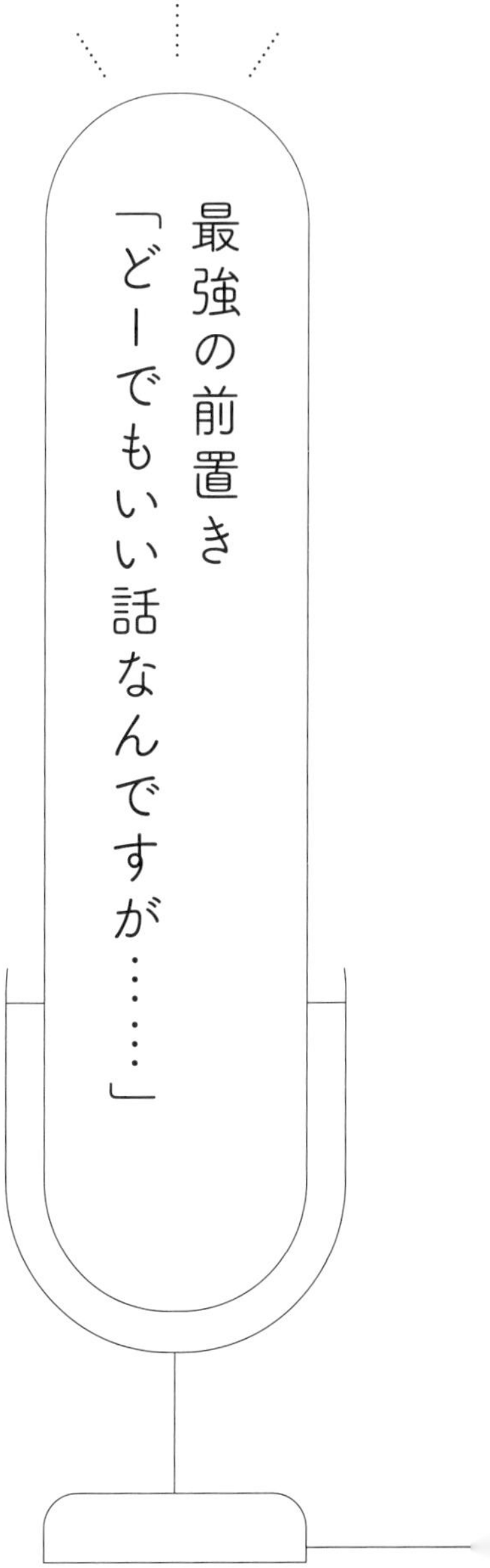

最強の前置きの使い方

いや、これは僕の口ぐせのような言葉で、「最強の前置き」とおっしゃってくれたのはこの本の編集者さんです。決して自画自賛しているわけではありません(笑)。自分では本当にどうでもいい話のつもりで使っています。

この**前置き「どーでもいい話なんですが」は、実はどんな話の前につけても有効**です。『レコメン!』で、オテンキのりさんと同じ空間で時間を過ごしすぎていて、話題提供の際にこの前置きをするようになったのが誕生のきっかけだったと思います。

たとえば「今日自分が花粉症じゃないかと気づきましてね」など、実際言われた人にとってどうでもいいことなら「本当どーでもいいですね」という話でひと盛り上がりあり、「この番組、3月で終わるらしいですね」などには「めちゃめちゃ重要じゃないですか」という話題になって、いずれにせよひと盛り上がりあるといったふうに、どうでもいい話と言いながらいろんな話題を出しているので、会話の糸口になっていると思います。毎回毎回本当にどうでもいい話を伝えるのではなく、**たまに大切なことも織り交ぜていく**のがポイントなんだろうなと思います。そこまで意識していませんが。

気軽に話せて気楽に聞ける

この言葉を使うことで、**会話をするときのハードルが下がります**。実際、自分以外の人からされる話なんて、ほとんどがどうでもいい話です。ラジオも、興味がある人以外にとっては、どうでもいい話ばかりです。どうでもいい話だけど、聞いてみたら、もしかしたら楽しいかもしれない。人の話なんてそんなもんです。どうでもいいこと、しょうもないことでも、会話の糸口であり、コミュニケーションなんですよ。

「どーでもいい話なんですが」と前置きすることで、**僕は気軽に口を開く**ことができます。裏方が自分のことをペラペラしゃべるなんて、本来必要のないことだと思っていますが、長くお仕事でご一緒する方なら、自分のことを知ってもらうことも大切なコミュニケーションだと思います。

男女間でのＬＩＮＥメッセージで、男性側が一方的に自分のことを報告してくる、「俺通信」と呼ばれるやりとりがあります。女性側は催促してないのに、なんでそんなメッセージを送るのか、っていうと、その男性は女性と仲良くなりたくて送っているんですよ！　って話なのですが、だいたい女性からは不評ですよね。残念です。まあ、「俺通信」のように、自分のことをしゃべりたい人、知ってもらいたい人って意外と多いと思います。大人になると空気を読んで自分のことについてしゃべらなくなりますが、この「どーでもいい話なんですが」という言葉が免罪符になるんじゃないかと、勝手に思っています。よろしければ使ってみてください。

もしこちらが出した話題がつまらなくても、最初にどうでもいい話と言っているので、いいのです。きっと、言われた相手も真面目に聞かなくていいか、と気楽に受け取ってくれるのではないでしょうか。実際に「どーでもいい話ですね！」といじってもらえたらそれでオールOKです。

もしかしたらこの言葉、本当に最強なのかもしれません。日本人が、「つまらないものですが……」「粗茶ですが……」と言うのと同じような感じでしょうか。海外のビジネスパーソンに「どーでもいい話ですが」と前置きしたら、「どーでもいい話なら、しないでもらえるかい？　その話で僕は何ドル儲けられるんだい？」とか言われそうですね。いや、言わないか。

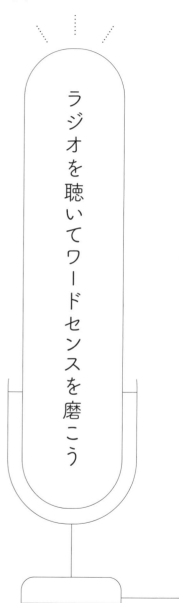

ラジオを聴いてワードセンスを磨こう

トークの格差社会!?

人の語《ご》彙《い》・ワードセンスは、それまでに生きてきた環境に大きく左右されます。

学校で習うことを最低限として、周りの人との会話をはじめ、観てきたテレビ番組、読んできた本、聴いてきたラジオによって、変わってきます。今の時代なら、どのＹｏｕＴｕｂｅを観てきたか、ネット記事を読むかによるのかもしれません。赤ちゃんは成長すると、言葉を覚えていきますが、覚える言葉は親が発するものが基本です。丁寧な言葉しか使わなければ丁寧な言葉遣いをする子になるでしょうし、流行り言葉をよく使っていれば子どもはマネして流行り言葉を使うでしょう。長い目で見て、人生の中での言葉の覚え方も、同じものだと思います。

ラジオのパーソナリティさん、面白いワードセンスの方は、たくさんのものに触れてきているように感じます。メディアだけではなく、交友関係の広い方は、たくさんの人と会話してきているので、語彙《ごい》だけではなく、笑いが起こる流れも体に染みついています。話し上手な方は、さらにたくさんの人と会話を重ね、経験も、ワードセンスも、どんどん磨かれていきます。話下手だからって誰とも話さないでいたら、何も変わりません。となると、トーク上手との差は開くばかり。これがトークにおける格差社会です。

まずは聞くことから始めよう

とはいえ、いきなりたくさんの人と会話しましょうとアドバイスしても、それはハードルが高いです。それが苦手だから下手なんだよ！　って話ですよね。そんな方は、まずは、自分が**面白いと思う方のトークを聞く**機会を増やしてみてはいかがでしょうか。自分とその方の2人で会話しなくても大丈夫です。その方が他の人と話しているのを聞けばいいのです。たくさん聞いていると、自然とその方の言葉遣いが頭に入ってきて、いずれ自分が会話するときにいろんな表現を使えるようになると思います。

ときには、**会話形式のラジオを聴く**ことも勉強になるはずです。こんな返しをしていた、こんな質問をしていたなど、自然と身についていきそうです。ずっと放送を聴いていると、だんだんとリスナーはパーソナリティに似てくるといううわさもあります。実際、ずっとネガティブなことばかり話していたオテンキのりさんのリスナーさんは、立派な「五軍の控え」になりました。彼らもネガティブで引っ込み思案気味ですが、話してみると面白い、いい子たちばかりです。彼らに幸せが訪れることを祈っています。

オテンキのりさんのようになりたいかどうかはさておき、この人のように話せたらなあと思っている方がもしラジオ番組を持っていたら、毎週聴いてみるのはいかがでしょうか。

かつて放送していた『くりぃむしちゅーのオールナイトニッポン』は、すでにラジオの構成作家として仕事を始めていた僕が、毎週楽しみにして聴いていた番組です。

たくさんの名言・名フレーズが飛び出す番組でしたが、思い出し笑いをしてしまうほどお気に入りだったのが、「パンティーブローカー」という表現です。上田さんの奥様が『下着の輸入業』をされているという話の中で有田さんが表現したもので、「人の『下半身にパンティーをはきたい』という欲望につけ込んで、海外から下着を輸入して値段を上乗せして売りさばいていた」というフレーズとともに使われていました。なんでもない言葉でも、表現ひとつで聞こえ方が変わり、面白く感じるというお手本ですよね。「パンティーブローカー」という言葉のセンスも素晴らしいです。言いたくなりませんか。「パンティーブローカー」って。

くりぃむさんの「オールナイト」は、有田さんとリスナーさんが一体となり上田さんをいじっていくという流れがあって、そしてそれに対する上田さんのくったツッコミがあって、どこからでも笑いが起きる「面白い会話」の教科書だったと思います。

もし、この方のようなトークが自分もできたらな、と感じるパーソナリティさんがいらっしゃったら、ほんの少し**その方の発するワード・表現を意識してラジオを聴く**こと、おススメですよ！

よく笑ってくれる人にしゃべってみよう

そして、トークが苦手という方は、たぶん、話すことが好きじゃないと感じているでしょう。そこで、話すことが好きになる方法をひとつ紹介します。**よく笑ってくれる方と話す**ことです。関西では「ゲラ」と呼ばれる、何を言っても笑ってくれる方です。まあ、実際は何を言っても笑う方だと張り合いがなくなりそうなので、「比較的よく笑う人」という認識で大丈夫です。相手が笑ってくれると、単純に話している自分もテンションが上がってもっと話したくなりますし、自分のトークに自信が持てるようになってきます。身近にいるよく笑う人と仲良くしましょう！

トークのうまさは**積み重ね**です。すぐに上手だねと言われるような特効薬はなかなかありません。トーク上手になりたいのなら、会話の機会を避けるのではなく、まずは聞いているだけでもいいですから、積極的におしゃべりの場を経験して、周りの人から語彙《ごい》を吸収し、自分のワードセンスを磨いていきましょう！

ラジオは狭く深く伝えるメディア

ラジオ番組とは、つまるところ娯楽です。

そもそも、災害時の情報源という部分を除いたら、生活の中にあってもなくてもいいものだと思うんですよね。他にテレビもありますし、活字メディアもありますし、近年はネットメディアが全盛です。メディアではなくても、家の外に出れば、映画もありますし、テーマパークもありますし、飲みに行くこともできます。つまり、無限にある娯楽の中から可処分時間をラジオに充てることがほぼ難しいんです。リスナーのみなさん、たくさんの娯楽の中から、ラジオを選んでいただいて、ありがとうございます。代表して感謝を伝えさせていただきます。

でもラジオにも不思議な魔力があります。テレビとは違ってディープな世界に引きずり込んだり、パーソナリティの意外な一面が知れたりします。テレビや活字メディアが「広く浅く伝えるメディア」とするなら、ラジオは「**狭く深く伝えるメディア**」です。そういう意味で、みなさんの知的好奇心をくすぐったり、価値観を揺さぶったりするのではないかと思います。

加えて、**視覚を使わないメディア**なので、マンガを読みながら聴いたり、ゲームをしながら聴いたり、ご飯を食べながら聴いたり、ご飯をつくりながら聴いたりすることもできるんです。**「ながら」で楽しめる**というのが、ラジオの特徴で、みなさんにおススメしたいポイントです。お仕事・勉強など、時間に追われているみなさん、もしラジオに触れたことがないという方がいたら、ぜひ一度聴いてみてください。テレビやネットなどとはまた違ったエンタメですから。

どうでもいいことを楽しむ自由

こんなにおススメしたラジオですが、実際、ラジオを聴かないなら聴かないで、生きていく上では問題ないですよね。

僕が一番ラジオに頼っていたのは、予備校生のとき、1年間名古屋で1人暮らしをしながら、テレビのない生活を送っていた時代です。初めての1人暮らしで、やるべきことは勉強。そんな生活の中で合間の時間を埋めてくれたのが、ラジオでした。勉強しながら楽しめますし、寝ころんで体を休めながら聴くこともできます。そこで番組あてにFAXを送るという行為をしなければ、今の自分はなかったかもしれません。

ちなみに、当時聴いていたのは名古屋ローカルのラジオでした。全国区のラジオよりもさらに距離が近くて、めちゃくちゃハガキやFAXを読んでもらえた記憶があります。ここで味をしめたんでしょうねえ……。

このとき、1年間テレビがない生活をしたわけですが、なくても生活には支障がなかったんですね。そんなもんです。ラジオもそんな感じの存在だと思っています。

しかし、自分で聴くか聴かないか選べる自由があるからこそ、楽しいんです。義務教育のように、絶対に聴かなきゃいけません！　ってなると、楽しめないんじゃないかと思うんです。

無駄な話こそ楽しい、それがラジオの本質だと思います。何を話したかまったく覚えてないけど、しゃべっているほうも、聴いているほうも、なんか楽しかった。それが理想的なラジオの姿ではないでしょうか？　こんなの、絶対に答えなんかないんですけど、みなさんどう思われます？

そもそも、趣味なんて、だいたい無駄なことです。楽しいから、ひいては生活に潤いを与えてくれるから、それでいいんです。最近では「推し活」という言葉で市民権を得ていますが、生活に必要なことじゃないですよね？　でも楽しいから、人は人を推したくなるんですよねえ。

お友達との会話でも、一番楽しいのって、なんてことはない、どうでもいい雑談ではないでしょうか。人生、無駄なことをやって、他の人にとってはどうでもいいことが楽しいから、積極的に時間を使う、それでいいと思っています。

コミュニケーションを仕事にした僕が、今しゃべりたいこと

世の中に、好きなことを仕事にしている人はどれくらいいるのでしょうか？

答えは分かりません。もちろん、仕事にできている方もいれば、そうなればいいなと心に秘めながら、なんとか落としどころを見つけて、日々がんばってお仕事をしていらっしゃる方もたくさんいると思います。みなさん素晴らしいと思います。

僕は、間違いなく好きなことを仕事にしています。昔ほど聴かなくなりましたが、ここまでの人生を思い返して「好きなものは何ですか？」と質問されたら、ラジオと答えます。一番ラジオを聴いていた学生時代の自分に伝えてあげたいですよ。「お前は将来、毎日聴いているラジオのお仕事をするようになって、ラジオに関する本を出すぞ」と。

ラジオ業界への憧れは、毎日深夜ラジオを聴いていた10代の頃からありました。当時憧れだったのはニッポン放送の『オールナイトニッポン』。いつかスタッフとして関わりたいという夢がありましたが、それももうかないました。２００４年の「ヒロシのオールナイトニッポン」では、28歳で初めてメイン作家として生放送の『オールナイトニッポン』を担当させていただきました。なんとＷＢＣ優勝を28歳でかなえた、大谷翔平選手と同じ年齢です。ものすごく早い夢の実現だったと思います。しかも、仲良しだったヒロシさんとの生放送だったので、単発放送ではありましたが、めちゃくちゃうれしかったです。しかし、本気でレギュラー化を狙いましたが、これはかないませんでした。さすがラジオ界のヤンキース、オールナイト。壁は厚かったです。

この時点でもう、いい人生を歩んでこられたのではないかと思っています。残りの人生がどう転んでいくか分かりませんが、半分以上を好きなものに携わる仕事ができた時点で、十分いい人生なんじゃないでしょうか。

なんか引退宣言みたいな文章になりましたが、こう思えることがなにより幸せだよなと思います。これからもお仕事はできる限り続けます。新しいお仕事のオファーも、ツイッターのＤＭからお待ちしております。どんなお仕事でもやりますので（笑）！

あまり後輩の構成作家に自分からアドバイスしたりすることはない性格なのですが、実は一番この本を参考にできるんじゃないかと思うのは、後輩構成作家のみなさんです。ラジオをつくるときの振る舞い・考え方の参考にしていただけたら幸いです。「永田さん、本読みました！」と直接伝えてくれたら何かおごります（この一文が読んだかどうかのチェックになります〈笑〉）。

そもそも、この本のタイトルにもあるように、ラジオの構成作家は、１００％の本音でしゃべることはあまりないかもしれません。そもそも、構成作家がラジオの中でしゃべることはイレギュラーな場合だと思っています。

そんな自分の頭の中に興味を持ち、本のオファーをくださった担当編集さんにはとにかく感謝です。新しい世界を開いていただいてありがとうございます。最初にいきなり送られてきたツイッターでのオファーのＤＭは今もたまに見返します。あまりに絶賛していただいていて、光栄です。

初めて本を執筆する僕のために1の1から教えてくれた先輩編集さんもありがとうございます。全部終わったら飲みに行きましょう！

他にも、企画を通してくださったKADOKAWAのみなさん、デザイナーさん、校正さん、営業さん、印刷所さん、本屋さんなど、たくさんの方が本の出版には関わってくださっています。みなさんがいらっしゃるので、この本が世の中のみなさんの元に届きました。ありがとうございます！

そして、これまでお仕事でお世話になったみなさまにお伝えしたいです。パーソナリティさん、プロデューサーさん、ディレクターさん、ミキサーさん、ADさん、事務所関係者さん、レコード会社さん、放送局で働くみなさま、先輩作家のみなさま、後輩作家くん、そのほか、これまでの人生で関わってきたすべてのみなさま。たくさんの方々と接して、話を聞いて学んでかみ砕いて、その結果できあがったのがこの本です。たくさんの経験・知見をありがとうございました。この本が書けたのはみなさまのおかげです！　本を出しますと報告したとき、「買います！」とか、「帯書きます！」とか、うれしいお言葉もいただきました！　重ね重ね、ありがとうございます！　「本売れてるの？」とか、「いくらくらい入ったの？」という質問はお控えください（笑）。

なによりも、ラジオを楽しんでくださっている、リスナーさん。みなさまのおかげで、どの番組も続いてきました。たくさんの方に聴いていただいている番組は、末永く続く可能性が高いです。番組にメールを送ってくださるみなさんにも、本当に感謝しています！　みなさまのおかげでラジオ番組は成り立っています！　これからも大好きなラジオの文化が盛り上がるように、引き続きたくさん放送を楽しんでいただけたらと思っています。きっと想像されているよりも、僕はリスナーのみなさんのことが大好きですので！

ちなみに、僕がラジオ番組の構成を担当するにあたり、どの番組でも必ず心がけているのが「長く続く番組にする」ことです。面白い番組をつくっていても、様々な事情で終了することがあります。リスナーのみなさんに楽しんでいただくためにも、長く続く番組を意識し続けることは必要だと思っています。

この本に書かれているコミュニケーション術は、すべての方が使えるものではないかもしれません。人には合う・合わないがあります。もしこの本に書かれていることが少しでもみなさんの生活においてプラスの効果をもたらすことができたら、それでいいと思っています。もし気が向いて、実践してみたいと思ったら、で大丈夫です。ゆる〜くで大丈夫ですので、この本の内容を参考にしていただけたら幸いです。

人と関わらなくても生きていけますが、人と一緒に何かをすることで、より世界が広がりますし、きっと楽しい人生を送れますよ！

僕はこの本で頭の中のほぼすべてを出し切りました。次があるかどうかは分かりません(笑)！　でも、次があるように、次を書いてほしいと思ってもらえるように、これからの構成作家人生を過ごしていきたいです。これからもがんばります！

2023年7月吉日

永田篤

【著者略歴】

永田 篤（ながた・あつし）

三重県出身。東京都在住。小学6年生頃からラジオを聴き始める。大学では放送研究会に所属。構成作家として、『国分太一 Radio Box』、『Kちゃん NEWS』、『Kis-My-Ft2 キスマイ Radio』、『Snow Manの素のまんま』、『らじらー！サンデー』、過去に、オテンキのりと乃木坂46田村真佑の『レコメン！』、『大竹まこと ゴールデンラジオ！』などの人気番組を担当。パーソナリティやゲストのトークを引き出すことに定評がある。マンガ好き。

ブックデザイン　三森健太（JUNGLE）
DTP　思机舎
校正　鷗来堂
構成　思机舎
編集　伊藤瑞華（KADOKAWA）

一番《いちばん》「伝《つた》わる」会話《かいわ》のコツ
だから僕《ぼく》は、しゃべらない

2023年7月31日　初版発行

著者／永《なが》田《た》 篤《あつし》

発行者／山下 直久

発行／株式会社KADOKAWA
〒102-8177　東京都千代田区富士見2-13-3
電話　0570-002-301（ナビダイヤル）

印刷所／大日本印刷株式会社
製本所／大日本印刷株式会社

●お問い合わせ
https://www.kadokawa.co.jp/（「お問い合わせ」へお進みください）
※内容によっては、お答えできない場合があります。
※サポートは日本国内のみとさせていただきます。
※Japanese text only

定価はカバーに表示してあります。

ISBN 978-4-04-606217-8　C0030